Julius Münter

Ueber den Hering der pommerschen Küsten und die an denwlben sich anschliessenden Industreizweige

Julius Münter

Ueber den Hering der pommerschen Küsten und die an denwlben sich anschliessenden Industreizweige

ISBN/EAN: 9783742896193

Hergestellt in Europa, USA, Kanada, Australien, Japan

Cover: Foto ©ninafisch / pixelio.de

Julius Münter

Ueber den Hering der pommerschen Küsten und die an denwlben sich anschliessenden Industreizweige

Während König Philipp II. von Spanien den Genuss
der Fische vermied, weil er in ihnen nur „verdicktes
Wasser" sah und die Syrer[1]) im grauen Alterthume
sich des Fischgenusses desshalb enthielten, weil sie
wähnten, Jeder der sich dieses unerlaubten, ihrer Göttin
Ἀτάργατις geweihten Nahrungsmittels bediene, werde von
Geschwüren heimgesucht, so dass in der That nur Fische
im gebratenen oder gekochten Zustande oder auch in
silberner und goldener Nachbildung der Göttin geopfert
werden durften, verehrte dagegen nach Richter[2]) eine
deutsche Reichsgräfin die „Heringsbäcklein" d. h. die
zwischen den Infraorbitalknochen und dem Kiemendeckel
sitzenden Muskeln so sehr, dass sie zu ihrem Lieblings-
gerichte stets acht Tonnen Hering verbrauchte und zuletzt über diese Verschwendung, die ihr allmählich eine
Million Thaler gekostet haben soll, tief in Schulden gerieth. — Kann man in diesen historischen Thatsachen nur

---

1) Plutarch, de superstitione cap. 10. — Athenaeus lib.
VIII p. 346 schreibt Ἀτεργάτις, und berichtet, dass diese als Königin
ihren Syrern das Fischessen verboten haben soll. Movers, Die
Phönicier Bd. I p. 591. Bonn 1841. — Stark, Gaza und die philistäi-
sche Küste. Jena 1852. 8°. p. 571.
2) Ichthyologie. Lpz. 1754. 8°. p. 829.

anderweite Beweise für den längst anerkannten Satz „de gustibus non est disputandum" finden, so lässt sich fernerweit auch wohl noch über den Nahrungswerth (Futterwerth) des Fischfleisches im Allgemeinen, gegenüber dem Nahrungswerthe z. B. guten Ochsenfleisches pro und contra sprechen. Inzwischen aber, wie zuvor, so auch nach Abschluss dieser „schwebenden Frage", wird man fortfahren müssen, den in süssen und salzigen Wassern in Form von Fischen erzeugten „Proteinverbindungen und Kohlenhydraten", mit Anwendung verbesserter Fangapparate, zu Nutz und Frommen der hungernden Menschheit nachzustellen, man wird sich fortgesetzt bemühen müssen, die werthvollen Producte der sonst so unproductiven Wasserflächen wirthschaftlicher auszunutzen, ja man wird allen Ernstes Bedacht zu nehmen haben, die Massenerzeugung der Fische sorgsamer zu überwachen und so viel als thunlich absichtlich herbeizuführen.

Von diesen letztern Gesichtspunkten aus verdient, unter den Fischen der Ostsee südbaltischen Antheils, Keine der bekannten Arten so sehr die Beachtung als der Hering (Clupea harengus Linné), der bei absolut grössester Individuenzahl relativ sich am leichtesten fangen lässt und dessen mannigfaltigste Verwerthungsweise zugleich den Vortheil längst überwundenen Vorurtheils besitzt.

Um aber dem Leser die volle Gewissheit zu verschaffen, dass auf den nachfolgenden Blättern der eigentliche und ächte *Clupea harengus L.* Gegenstand der Verhandlungen sein wird, dürften einige Vorbemerkungen wohl unerlässlich sein.

1. Zur Systematik.

Der Hering der pommerschen Küsten besitzt freie von einem Kiemendeckel rechter und linker Seits bedeckte Kiemen; im bulbus arteriosus zwei Klappen und sein Skelett besteht aus ächter Knochensubstanz mit deutlich gesonderten Wirbeln. Gehört er auf Grund dieser leicht nachweisbaren Thatsachen somit zur Ordnung der

Teleostier, so weisen ihm: der von der Schlundbasis zur Mitte der einfachen Schwimmblase sich erstreckende Luftgang, der völlige Mangel aller ungegliederten Stachelstrahlen, die Anwesenheit weicher gegliederter, am Ende getheilter Strahlen in sämmtlichen Flossen, so wie das Vorhandensein doppelter Schlundknochen, seine systematische Stelle in der Unterordnung der *Physostomen* an und zwar wegen der weit hinter den Brustflossen sitzenden, paarigen Bauchflossen in der Section der *Physostomi abdominales* des Müller'schen Systems der Fische.

Die Haut unseres Fisches ist während des Lebens dicht mit dachziegelförmig sich deckenden Cycloidschuppen bedeckt, die jedoch in Folge der üblichen Fangmethode sich so vollständig ablösen, dass die Haut endlich nackt erscheint. Bei den *Siluroideen* ist die Haut bekanntlich schon während des Lebens nackt oder mit Knochenschilden, statt mit Schuppen bedeckt. — Unser Fisch ist demnach nicht zu den Welsen zu ziehen. — Die Anwesenheit von etwa 20 appendices pyloricae, welche in doppelter Reihe hinter dem Magen und am Anfange des geraden Darmrohrs sich finden, so wie die Zusammensetzung der den Mund von Oben begrenzenden Knochen, welche hauptsächlich von dem aus 3 Stücken zusammengesetzten Oberkiefer gebildet werden, schliessen die Möglichkeit aus, unsern Fisch den Karpfen (*Cyprinoiden*), oder den Zahnkarpfen (*Cyprinodonten*) einzureihen, obschon er mit den Letztern die einfache, in der Mitte nicht zusammengeschnürte Schwimmblase gemein hat. — Die Abwesenheit einer Fettflosse bei unserm Fische gestattet auch keine Vereinigung mit den Characinen, Scopelinen und Salmoniden; mit den Letztern insbesondere auch desshalb nicht, weil bei unserm Fische Hoden und Eierstöcke einen directen Ausführungsgang nach Aussen haben und die Geschlechtsstoffe mithin nicht in die Bauchhöhle fallen können, wie es bei den Salmoniden der Fall ist. — Obschon die *Esoces* ebenfalls eine einfache Schwimmblase besitzen, so fehlen ihnen doch die appendices pyloricae; ausserdem ist ihr Kopf von oben nach unten zusammengedrückt flach, während der Kopf unseres Fisches von den Seiten her der Art zusammengedrückt erscheint, dass die untere Kante fast schneidend wird. — Unsern Fisch den Nilhechten anzureihen, würde theils aus den oben angegebenen Gründen, theils aber auch desshalb nicht zulässig sein, weil den Nilhechten eine von den daselbst befindlichen electrischen Organen herrührende Schwanzverdickung zukömmt, die unserem, in der Schwanzregion stark comprimirten, Fische gänzlich abgeht. — Von den *Heteropygiern* u. a. Familien der Physostomi abdominales ist ohnehin schon deshalb abzusehen, weil der After unseres Fisches am hintern Rumpfende unmittelbar vor der Afterflosse und weit hinter den Bauchflossen, nicht wie bei Jenen, vor den Bauchflossen unter der Kehle gelegen ist.

Werden aber durch die angeführten Merkmale alle die genannten Familien sicher ausgeschlossen, so bleibt für unsern Fisch eben nur die Familie der *Clupeoiden* übrig, deren stark, von beiden Seiten comprimirter langstreckiger, mit leicht lösbaren Schuppen bedeckter Leib, fast in der Körpermitte eine Rückenflosse ohne irgend welchen Stachelstrahl besitzt, und deren Mundöffnung oben, von einem kleinen in der Mitte ausgerandeten Zwischenkiefer und einem aus 3 Stücken zusammengesetzten Oberkiefer, unten aber vom Unterkiefer begrenzt wird.

Diese Familie wird in der Ostsee und zwar an den pommerschen Küsten vertreten 1) durch das Genus: *Alausa* Val. — Während Zunge und Gaumen zahnlos sind, besitzt der Ober- und Zwischenkiefer leicht abfallende, kurze, zugespitzte Zähnchen. — Der Darm hat zwei Windungen, die Bauchkante ist gesägt und die Schuppen zeigen sich am freien Rande fein gekerbt. Diese Charactere besitzt von den Ostseefischen nur der sogenannte Goldfisch (Alausa vulgaris Val.[1]); also genannt, weil bei der landesüblichen sogenannten Räucherungsmethode seine fester anhaftenden Schuppen hochgoldgelb gefärbt werden.

---

1) Cuvier u. Valenciennes, Histoire naturelle des poissons. Paris 1847. 8°. Tom. XX. p. 391.

Die angegebenen diagnostischen Merkmale fehlen eben dem Fische, den man in Pommern Hering nennt. Ebensowenig aber lässt sich 2) der specifische Character des Valenciennes'schen Genus: *Harengula*[1]), welches unzweifelhaft durch den Breitling (Harengula latulus Val.) und die Sprotte (Harengula sprattus Val.) in der Ostsee vertreten ist, am Heringe der Ostsee nachweisen. Denn beim Letztern findet sich in allen Altersperioden, sowohl beim 2″ wie 9″ 9‴ langen Fische, stets der vomer mit kleinen Zähnchen besetzt, während die Arten der Gattung: *Harengula* Val. zu keiner Zeit ihres Lebens Zähnchen auf dem vomer tragen.

Ausser den genannten beiden Gattungen der Clupeoiden findet sich nur noch das Genus: *Clupea* in der Ostsee vertreten und dürfte es daher überflüssig sein, die bis jetzt noch nicht beobachteten Genera: *Sardinella, Pellona, Pristigaster, Rogenia, Clupeonia, Spratella, Kowala* und *Meletta* genauer zu characterisiren. So fehlen, um nur einige Beispiele anzuführen, den Sardinellen die Vomer- und Kieferzähne; die Meletten aber haben nur noch einige Rauhigkeiten auf der Zunge, während die übrigen Genera bis auf Rogenia und Spratella meist exotischen Ursprungs sind. Die Spratellen haben aber nur Gaumen und Zungenzähne und die Rogenien (White-Bait), obschon in der Zahl der Wirbel und der Zahl der Flossenstrahlen dem Heringe am nächsten kommend, besitzen doch ungeachtet ihrer Kleinheit (bei höchstens 6″ Länge) eine grössere Menge von Zähnen auf vomer, ossa palatina, pterygoidea und Zunge, während die Kieferzähne mehr gefühlt, als gesehen werden können. Der Ostseehering aber erfüllt alle Postulate des Cuvier'schen Genus: *Clupea*[2]) in exactester Weise.

Zähnchen auf dem Zwischenkieferknochen, feine Crenelirungen auf dem freien Rande der Oberkieferknochen, die noch zu sehen und ebenso leicht zu fühlen sind; Zähnchen auf der Symphyse

---

1) Ibidem p. 277.
2) Ibidem p. 28.

des den Oberkiefer an Länge überragenden **Unterkiefers**; leicht erkennbare spitzkonische Zähne auf dem **vomer**, sodann auf einer navicula-ähnlichen ¼" langen Fläche hinter der Zungenspitze auf der **Zungenoberfläche** und endlich 2—3 kleine leicht abfallende Zähne auf dem äusseren Rande der ossa palatina, während die ossa pterygoidea zahnlos erscheinen.

Der bis 9", 9''' lange Körper ist auf dem Rücken zugerundet und schärft sich **nach** beendeter Laichzeit, so wie **vor** dem Eintritt der Geschlechtsreife zu einer mässig scharfen Kante zu, besitzt demnach beim Querschnitt z. B. in der Gegend der Rückenflosse die Gestalt eines länglichen umgekehrt eiförmigen Blattes (fol. oblongum obovatum).

Das **Flossensystem** ist vollständig.

Die **paarig** vorhandenen **Brustflossen** sitzen am Schulterknochen hinter und unter dem Kiemendeckel und man zählt in ihnen 17 weiche, am Ende gespaltene Strahlen[1] von 1" Länge.

Die **paarig** vorhandenen **Bauchflossen**, weit hinter den Brustflossen inserirt, finden sich in der Bauchgegend fast gegenüber der unpaaren Rückenflosse. Man zählt in jeder Bauchflosse 9 Flossenstrahlen. — Seitlich und ein wenig hinter den Bauchflossen findet sich eine ½" lange freie Flossendeckschuppe mit ausgezeichneten langgestreckten, parallel laufenden Farbstoffzellen auf der Oberhaut derselben.

Das System der **unpaaren Flossen** ist vertreten 1) durch die in der Mitte der Körperfirste inserirte **Rückenflosse**, deren erster Strahl nur kurz, deren zweiter aber der höchste der Flosse (bis 10''') ist, von welchem ab die Höhe der getheilten Weichstrahlen bis zum letzten Strahle (dem 18ten der ganzen Reihe) allmählich abnimmt; sodann 2) durch die hinter den Bauchflossen und dem After gelegene **Afterflosse** von 4''' Höhe

---

[1] Bloch (Oekonom. Naturg. d. Fische Deutschlands 1782. 4°. p. 186) giebt 18 Strahlen an und gründet hierauf vorzüglich die Species: *harengus*.

mit 16 bis 17 Weichstrahlen¹) und 3) durch die vertical gestellte, gablig ausgeschnittene Schwanzflosse mit etwa 23 bis 25 Weichstrahlen (die Bloch jedoch nur zu 18 angiebt), deren längster Strahl 1" 4''' lang ist. In der Kiemenhaut befinden sich 5 einzelne runde und ungetheilte Kiemenstrahlen und 3 plattenförmige Kiemenhautstützen, also im Ganzen 8 Strahlen.

Die Formel für die Flossenstrahlen des Ostseeherings lautet demnach für die unpaaren Flossen:

D. 18; A. 16 (17); C. 23 (25)

und für die paarigen:

B. 8; P. 17 (18); V. 9.

Vergleicht man hiermit die von Valenciennes²) gegebene Formel: B. 8; D. 18; A. 16; C. 23; P. 17; V. 9, offenbar das Resultat sorgfältiger Zählungen der Flossenstrahlen des Nordseeherings, so ergiebt sich mit Evidenz, dass alle wesentlichen Merkmale des Nordseeherings sich im vollsten Einklange mit den am Ostseeheringe gefundenen Thatsachen befinden.

Durch den geführten Beweis der Species-Identität beider weit von einander getrennt lebender Fische ist aber auch zugleich bewiesen, dass der im östlichen und nordöstlichen Theile der Ostsee vorkommende Strömling (Strömming der Schweden), den Linné (Fauna suec. p. 128) *Clupea (Harengus) Membras* nannte, keine von der ächten Clupea harengus L. der Nordsee verschiedene Species, sondern nur eine durch die Eigenthümlichkeiten der Ostsee herbeigeführte Abänderung desselben darstellt, die ebenso wie der Nordseehering in ihre besonderen Raçen zerfällt. An sich ist dieses Resultat nicht neu, denn dieselbe Behauptung stellten bereits Bloch (l. c.) und Nilson³) auf, aber beide Autoren haben es

---

1) Bloch, ibid. zählt 17 Strahlen.
2) l. c. p. 86.
3) Skandinavisk Fauna 4 Deel. Lund 1855. p. 499 fgd. — Auch übersetzt von Dr. Creplin in der Halle'schen Zeitschrift für die ges. Naturwissenschaften. 1860 No. VII. VIII. Juli — August p. 2 und p. 14.

unterlassen, den Beweis für ihre Behauptung exact zu führen. — Ekström[1]), der augenscheinlich von unserem Fische ausführlicher handelt, war aber seiner Zeit ebenso wenig wie Bloch im Stande den Beweis der Identität in ähnlich vollständiger Weise zu führen, weil erst durch Valenciennes die Gattung *Clupea* schärfer umschrieben und durch Charaktere sicher gestellt ward, die es uns jetzt verhältnissmässig leicht machen, unsern Fisch mit vollständigster Gewissheit zu diagnosticiren.

Da nun zufolge meines Wohnortes und der in hiesiger Gegend eigenthümlichen Fangmethode mir öfters Gelegenheit gegeben war, den schon seit vielen Jahrhunderten berühmten Hering Rügens und Neuvorpommerns gründlicher kennen zu lernen und es mir überdies gelungen ist, unter Benutzung der landesüblichen Fangmethode ihn im vollkommen unversehrten Zustande, mit allen Schuppen versehen, auch für Universitätsvorträge und Museen in entsprechender Weise herzustellen, so halte ich mich verpflichtet, ehe ich zur Auseinandersetzung der Fang- und Nutzungsmethoden selbst übergehe, zuvor noch einige allgemeinere anatomische Vorbemerkungen voraufzuschicken.

2. Zur Anatomie.

In Betreff des motorischen Apparats ist wenig Neues zu dem bereits Bekannten hinzuzufügen. Das Knochensystem und vielleicht gerade das des Ostseeherings, hat durch Fr. Rosenthal[2]) (einem gebornen Greifswalder und spätern Prof. der Anatomie zu Greifswald), zwar eine Abbildung aller seiner wesentlichsten Theile erfahren, allein die von der heutigen Systematik in den Vordergrund gestellten Zähne sind von dem sonst so genauen Anatomen bis auf die in Fig. 1 abgebildeten, jedoch nicht erwähnten Zungenzähne ganz unberücksichtigt

---

[1]) Die Fische in den Scheeren von Mörkö. Aus d. Schwed. v. Dr. Creplin. Berlin 1835. 8°. p. 206.

[2]) Ichthyotomische Tafeln. Heft I. Lief. I. Berlin 1812. 4°. Tab. IV und Erklärung zu dieser Tafel p. 21—26.

und unerwähnt geblieben. Obschon Rosenthal das eigentliche Intermaxillare von den Maxillarknochen unterscheidet, wenn er auch beide Knochen (Beschreibung von Fig. 1) mit den Namen „Intermaxill-Knochen" später aber (Fig. 8 und 10) mit dem Namen „Oberkiefer" belegt, so bildet er doch in Fig. 1 d. e das eigentliche os intermaxillare und den aus 3 Knochenstücken (Fig. 4) bestehenden Oberkiefer ab, stellt aber die am vordersten grossen Stücke a, am frischen Thiere mit der Loupe so leicht erkennbaren und fühlbaren Crenulirungen des vordern Randes auffallender Weise nicht dar. Auch die Zahl der Flossenstrahlen lässt sich aus keiner Abbildung mit Sicherheit ermitteln, wodurch diese Darstellungen für die Systematik bedeutend an Werth verloren haben. — Doch werden von Rosenthal zuerst jene mit einem vorspringenden Kiele versehenen „Knochenschuppen" erwähnt und abgebildet, insoweit wenigstens dergleichen „Deckstücke" auf den Beckenknochen aufgelagert waren. Indessen finden sich dergleichen gekielte, zwischen den Hautschuppen hervortretende Bauchkantenknochen noch Mehrere, sowohl vor diesen rudimentären Beckenknochen, als auch hinter den Bauchflossen selbst, bis zum After hin, wo sie allmählich, durch Abnahme ihrer vordern, hintern und namentlich der langen seitlichen Fortsätze sich auf eiförmige, convex-concave gekielte Knochenschildchen reduciren, die von der sehr dünnen Epidermis überzogen bleiben und somit Schuppen nachahmen, während sie doch den Hautknochen der Ganoiden homolog sind.

Die Wirbelsäule giebt zu mehreren interessanten Beobachtungen Veranlassung. In Betreff der Wirbelzahl stehen sich die Angaben Bloch's und Rosenthal's einerseits und die von Valenciennes andererseits entgegen. Die beiden ersten Beobachter geben nämlich 56 Wirbel an, Valenciennes[1]) dagegen 55 (cinquante-cinq),

---
1) Valenciennes l. c. p. 45 zählt im 2ten Alinea: im Ganzen 55 Wirbel und zwar 33 rippentragende, von denen die 22 ersten mit Querfortsätzen. Rosenthal l. c. nennt die ersten 38 Wirbel: Rückenwirbel, weil sie 2 Reihen freier Muskelgräten tragen; die letzten 18 Wirbel nennt er Schwanzwirbel.

und ebenso gehen in Betreff der Rippen die Angaben auseinander. Bloch[1]) theilt dem Heringe 35 Rippen zu, während Rosenthal (l. c. p. 22) die directe Beantwortung dieser Frage dadurch umgeht, dass er sub D sagt: „38 Rückenwirbel, welche Muskelgräten der obern und untern Reihe (etc.) zur Anheftung dienen;" Valenciennes nimmt (l. c. p. 46. 47) aber nur 30 Paar Rippen mit 30 horizontalen Fortsätzen an, während er auf der vorhergehenden Seite von 33 rippentragenden Wirbeln spricht. Ich selbst fand wie Bloch „35 Rippenpaare".

Obschon diese Differenzen in den Angaben rücksichtlich der Wirbel und Rippenpaare möglicherweise in den untersuchten Objecten ihre zureichende Erklärung finden könnten, so nämlich, dass der Nordseehering eine geringere Anzahl derselben besässe, als der Ostseehering, so ist doch auch in Anschlag zu bringen, dass es wesentlich darauf ankömmt, wie man zählt. Ob z. B. also der letzte sehr complicirt gebaute Wirbel, an welchem ein Theil der Schwanzflossenstützen seine Befestigung findet, von dem einen oder andern Beobachter mitgezählt worden ist, oder nicht u. dgl. Auch rücksichtlich der Rippen kann man sehr leicht einige Paare übersehen, so dass eine Angaben-Differenz nicht so sehr Wunder nehmen darf. — Viel auffallender ist es dagegen, dass der Wirbel des Herings noch bis heute Gegenstand eines unentschiedenen Streites ist. Vergleicht man Rosenthal's oben citirte Abbildung (Tab. IV) mit der im 2ten Bande Tab. VIII von Brandt und Ratzeburg („Medicinische Zoologie") gegebenen Abbildung des Einzelwirbels (Fig. B. u. C) und findet bei den letztern beiden Autoren (Text. pag. 41 Anmerkung *)) die Notiz, dass ihre Vorgänger (Rosenthal, Pallas, Kuhl) „eine ungenaue Darstellung des Scelette des Herings" gegeben haben sollen, so müsste man sich doch nun wenigstens der Hoffnung hingeben dürfen, dass die durch Brandt und Ratzeburg endlich erfolgte Verbesserung

---

1) Oekon. Naturg. d. Fische Deutschlands. Th. I. Berlin 1782 p. 202.

in der bisherigen Darstellung, die Sache aufs Reine gebracht hätte. Mit Nichten! Der Heringswirbel ist durch Brandt und Ratzeburg's ideale Figuren vielmehr der exacten Erkenntniss ferner gerückt und der Wunsch gerechtfertigt, dass das Knochensystem des Herings der Bearbeitung einer zukünftigen Preisaufgabe einmal anheimgestellt werden möchte. Mich würde es hier zu weit vom Thema abführen, wenn ich in detaillirte Untersuchungen aller Scelettheile eintreten wollte, daher gedenke ich, nur rücksichtlich der Wirbelsäule und einiger damit zusammengehöriger Knochengebilde, meine Beobachtungen hier darzulegen, um wenigstens für die zoologische Systematik einige wesentliche Punkte aufgehellt zu haben.

Der Idealwirbel Brandt's und Ratzeburg's (l. c. Tab. VIII. Fig. C)[1]) scheint einen Wirbel darstellen zu sollen, der in der Gegend vor der Rückenflosse gelegen, gedacht worden sein mag. Irre ich in dieser Voraussetzung, so weiss ich doch leider nicht, wo dieses Wirbels Bleiben sein soll, weil es ganz unmöglich ist, ihn weiter nach hinten zu verlegen, in welchem Falle ihm alsdann jedenfalls die Rippen fehlen müssten, die sich doch in den Zeichnungen finden.

Vom Wirbelkörper a lassen die Verf. der med. Zoologie einen *processus spinosus superior* b zweiwurzlig aufsteigen und ihn dann bei einem willkührlich angenommenen Punkte z mit dem von oben herabkommenden Flossenträger h sich vereinigen.

Hingegen ist zu erinnern, dass es in der ganzen Region der rippentragenden Wirbel auch nicht einen Einzigen giebt, der den ihm zugemutheten Bau besitzt. Dass auch Rosenthal das Sachverhältniss nicht erkannt hat, liegt wohl lediglich daran, dass er keinen Wirbel isolirte und isolirt darstellte, sondern alle Wirbel im Zusammenhange mit der Zwischengrätenhaut präparirte und abbildete. Zur Controlle meiner gegentheiligen

---

1) s. Fig. 1 der beigefügten Tafel, welche wie das Original mit C bezeichnet worden ist.

Angaben empfehle ich die Untersuchung eines Bücklings oder auch schwach gekochten Herings. An einem derartigen Präparate (Fig. 3) ist es alsdann sehr leicht zu sehen, dass es in der Region der Rippen-tragenden Wirbel keinen einfachen processus spinosus superior giebt und dass mithin in jener Region von einem zweiwurzligen, oberhalb des Medullarkanals sich vereinigenden proc. spin. sup. niemals die Rede sein kann. — Beginnt man die Zählung der oberhalb des Medullarkanals einen einzigen und einfachen proc. spin. sup. führenden Wirbel von der Schwanzregion aus und setzt die Zählung derselben nach dem Kopfe zu fort, so wird man finden, dass nur die ersten 26 Wirbel (d. h. die der Schwanzregion) einfache *proc. spin. sup.* (Fig. 13) besitzen, dass aber schon der 27ste Wirbel (von hinten gezählt) und von ihm ab alle Wirbel bis zum Hinterhauptsbeine hin, nicht einfache, sondern ausschliesslich und nur: doppelte *proc. spin. sup.* besitzen. Die Gabelspaltung an der Spitze des proc. spinosus setzt sich bei genauerer Untersuchung bis zum Wirbelkörper selbst fort, so dass der Medullarkanal in Wirklichkeit von zwei durchweg gesonderten *proc. spin. sup.* (Fig. 8 b. b) gebildet wird!

Jedes Einzelstück dieser doppelten Dornfortsätze besitzt nun ausserdem da, wo es mit dem Wirbelkörper zusammentrifft, einen (nach rechts beim rechten Dornfortsatze, oder nach links beim links gelegenen Dornfortsatze abgehenden) seitlichen Fortsatz (Fig. 8 f. f. und Fig. 3 f), der sich in einem Winkel von circa 45⁰ an der Insertionsstelle des zu ihm gehörenden Dornfortsatzantheils und in innigster organischer Knochenverbindung mit demselben befindet, sich von der Insertionsstelle aus nach aus- und aufwärts wendet und an Länge den zu ihm gehörigen Dornfortsatzantheil um etwas überragt.

Dieser an der Basis eines jeden Dornfortsatzes inserirte seitliche Fortsatz ist von Brandt und Ratzeburg in Fig. B und C mit f[1]) bezeichnet und von Rosen-

---

1) s. beigefügte Tafel Fig. 1 und 2.

thal als „Muskelgräte der obern Reihe, welche an der Basis der Dornfortsätze vom Wirbelkörper entstehen" (l. c. pag. 22. sub II. D. a) beschrieben worden. Allein auch Rosenthal giebt nicht an, dass jeder Dornfortsatzantheil in der vordern Region der Wirbelsäule, mit den ihm zugehörenden *proc. transversus superior* organisch verbunden, vom Wirbelkörper sich leicht ablösen lässt, während die letzten 26 *proc. spin. sup.* mit dem Wirbelkörper innigst verwachsen und somit unablösbar sind. Ferner liegt auch das von Brandt und Ratzeburg abgebildete Stück h, die Flossenstütze, durchaus nicht unmittelbar an dem gabelspaltigen Dornfortsatzende in der Weise, wie es die Verf. darstellen, sondern vielmehr in den Rückenmuskeln selbst. Sodann ist von den ersten 28 Wirbeln (vom Hinterhauptsbeine an gezählt) gegen Brandt und Ratzeburg's Angaben zu erwähnen, dass wenigstens bei den ersten 22 Rippenpaaren die in ihrer Fig. C. mit c. d. e bezeichneten Knochen unrichtig aufgefasst und dargestellt sind. Allerdings existirt ein Fortsatz e und ist dieser auch gewöhnlich um etwas kürzer, als der Fortsatz f, allein einen Fortsatz d habe ich bis jetzt ungeachtet zahlreicher und sehr genauer Loupen-Untersuchungen im Zusammenhange mit der Rippe und deren *transversus inf.* noch nicht aufzufinden vermocht; noch viel weniger habe ich eine bogenförmige Vereinigung dieses imaginairen Stückes d mit der Rippe c gefunden. Der den Irrthum erzeugende Knochen liegt im Intercostalmuskel selbst und ist somit ein ächter Muskelknochen, der zwischen 2 Rippen im Muskelfleische in der Nähe der Wirbel beginnt und bogenförmig im Intercostalmuskel verläuft und auch darin sich verliert, nachdem er einen sanften Kreisbogen gebildet hat. Ueberall sah ich, dass die Basis des *proc. transversus inferior* (Fig. 7. c. e), wie ich ihn nennen will, mit dem Rippenköpfchen im organischen (ossificirten) Verbande sich befand und sich stets nur mit der Rippe selbst vom Wirbelkörper ablöste. Dieser proc. transv. inferior steht ebenfalls in einem Winkel von ohngefähr 45° zur (künstlich geradlinig) gebogenen Rippe und die grosse Anzahl derartiger proc. trans. inf. liefert, wie Rosenthal ganz richtig sagt, die „Muskelgräten der untern Reihe, welche vom Wirbelende der Rippe abgehen". Vom 23sten Rippenpaare ab, nach dem Schwanze zu, ist der proc. transv. inf. nicht mehr mit dem Rippenköpfchen verwachsen, sondern für sich ablösbar.

Was nun endlich die Rippe selbst anlangt (Fig. 7. c. c), so trifft auch für diese die Brandt- und Ratzeburg'sche Abbildung und Beschreibung nicht zu. Was aus ihrer Fig. C nicht ganz deutlich wird, geht aus Fig. B[1]) bestimmter erkennbar hervor. Es soll sich nämlich an das sogenannte Sternalende der Rippe ein Stück des Sternums von eigenthümlicher Gestalt (siehe unten) unmittelbar auflagern. Wenn nun auch ein ähnliches Gebilde existirt, wie es die etwas unvollkommene Abbildung darstellt, so legt sich doch das sogenannte Sternalende der Rippe keineswegs ohne Weiteres unter jenes vermeintliche Sternalstück selbst. Diese beiden Theile haben überhaupt gar keinen Vereinigungspunkt, indem nämlich zwischen beiden, starke Intercostalmuskeln liegen. Was aber die Gestalt dieser sogenannten Sternalstücke anlangt, so trifft Rosenthal's Abbildung die Wahrheit viel mehr, als es durch die von Brandt und Ratzeburg Verbesserte (!) geschieht! Rosenthal bildete von derartigen „Knochenschuppen" wie er sie in der Beschreibung seiner Fig. 1 e. e. e (l. c. pag. 22) nannte, zwar nur circa 6 Stück ab und gedenkt derselben auch nur in der Region der Bauchflossen, während Brandt und Ratzeburg einer jeden Rippe ein solches Sternalstück zuertheilen; allein diese Stücke sind wenn auch unten gekielt, doch nicht „dreieckig V- förmig, sondern wie aus den Figuren 4. 5 und 6 der beiliegenden Tafel hervorgeht, es sind Knochenstücke, welche im Allgemeinen aus 2 fast gleichschenkligen sphärischen Dreiecken m n p bestehen, die mit ihrer kleinen Grundfläche m n in einem Winkel von 65—70° zusammentreffen, um

---

1) s. beigefügte Tafel Fig. 2.

an der Vereinigungsstelle auf der Aussenoberfläche einen Kiel zu bilden, dessen nach vorn gerichtete feindornige Spitze m sich unter die nach hinten gerichtete stumpfe Spitze n des nächst vorhergehenden Knochens schiebt, und auf der Bauchkante etwas hervorragt. Diese abgestumpften Hervorragungen leisten einer Messerschneide, welche auf der Bauchkante von hinten nach vorn vorgerückt wird, Widerstand und veranlassen, da ihrer sich ohngefähr 38[1]) dachziegelförmig sich deckende Stücke finden, vermöge der vorspringenden Spitzen und Leisten die Sägekante des Heringsbauchs. Die seitlich sich verlängernden Spitzen der beiden Dreiecke p. p steigen in Form einer feinen Gräte rechts und links von der Bauchkante an den Aussenwänden des Bauches empor und sind unter der äusseren schuppentragenden Haut verborgen, aber doch von aussen, gleichviel ob der Hering frisch, gesalzen oder geräuchert untersucht wird, erkennbar und leicht bis an ihr freies Ende zu verfolgen.

Das freie Ende aber legt sich nicht unmittelbar an die Rippe an, sondern deckt sie, durch eine $\frac{1}{2}'''$ dicke Muskelschicht getrennt, von aussen; so dass beide Knochen (Hautknochen und Rippe) sich gegenseitig überragen; das freie Rippenende (Fig. 7) findet in der Bauchmittellinie, das freie Ende des Hautknochens (Fig. 4. 5) dagegen (in etwa 3—4''' Höhe) an der Aussenseite der Bauchwände seine Grenze. Von den Bauchflossen nach der Afterflosse zu nehmen die den Bauch umfassenden fadendünnen Fortsätze rasch an Länge ab, so dass zuletzt kurz vor dem After nur noch rhombische und zuletzt länglich-eiförmige Knochenblättchen übrig bleiben, die als das Mittelstück jener gekielten Knochen anzusehen und nicht einem Brustbeine zu vergleichen sind, sondern zur Categorie subcutaner Knochen gehören, die vielleicht passend mit dem Namen „ge-

---

[1]) Valenciennes fand beim Nordseehering 42, bei jüngern Thieren weniger, bis herab zu 35. l. c. p. 37 und 68.

kielter Bauchkantenknochen" zu bezeichnen sein dürften.

Aus dieser Darstellung geht nun zur Genüge hervor, dass die Brandt-Ratzeburg'sche Abbildung des Heringswirbels (l. c. Fig. B und C) ein unbewiesenes und unnachweisbares Ideal darstellt, dass mithin im strengsten Sinne des Wortes wesentlichste Theile des Knochensystems des bekanntesten Fisches, des Herings, noch unaufgeklärt sind, daher ich mich veranlasst sehe, auch noch einiges Andere nachzutragen, obschon ich wiederholt nur jüngere Kräfte zu einer exacten Untersuchung des in so vielfacher Hinsicht interessanten Heringsceletts einladen kann.

Ein Wirbel aus der Region der Rippen (Fig. 9. 10. 11), seiner Anhänge durch Kochen entkleidet, besitzt die Form einer Sanduhr, sowol von Aussen gesehen, als namentlich auch in seiner inneren Construction. Die beiden spitzkonischen Aushöhlungen der vordern und hintern Hälfte treffen in einem verhältnissmässig grossen subcentral-gelegenen Loche zusammen. Die Form der weitmündigen vordern und hintern Apertur entspricht jedoch nicht sowohl der einer Kreislinie, als vielmehr der einer Ellipse. Vom äussersten Trichterrande bis zum Loche im Boden des Trichters zeigen sich zahlreiche concentrische Linien. Die Trichterhöhlen sind mit einer sülzigen, fast knorpligen Masse erfüllt.

Auf der Aussenfläche des innen doppelt-conisch-ausgehöhlten Wirbelkörpers zählt man 7 hervorspringende Knochenleisten, welche die beiden Trichtermündungen von vorn nach hinten verbinden.

Drei einander parallel-und geradlinig-laufende Leisten durch zwei entsprechend tiefe Thälchen getrennt, befinden sich auf der untern Aussenfläche des Wirbelkörpers (Fig. 11 u' u" u'"). Rechts und links von diesen 3 parallelen untern Leisten, durch ein etwas breiteres Thälchen (Fig. 10 v) getrennt, und zwar an den seitlichen Aussenflächen des Körpers befindet sich abermals eine vorspringende Längsleiste (Fig. 10 t). Dieses also begrenzte Längs-Thälchen nimmt den Kopf der Rippe mit seinem *proc. transv. inf.* und ausserdem ein schuppenartiges basales noch innen zugeschärftes Deckstück mit 2 freien Spitzchen auf (Fig. 7 bei n. n). Auf der **obern** Aussenfläche des Wirbelkörpers befinden sich wiederum zwei Längsleisten (Fig. 9. rs. rs), jedoch von abweichender Construction. — Die **vordere Hälfte** einer jeden Leiste (Fig. 9. r) ist nämlich durch eine rundliche Grube ausgehöhlt, in welcher das **Köpfchen** eingelenkt ist, das den *proc. spin. sup.* und *proc. transv. superior* an der Basis vereinigt (Fig. 8. E. F bei s. a); die **hintere Hälfte** (Fig. 9 bei s) dagegen steigt als scharfer Grat nach dem hintern obern Trichterrande empor, und nachdem die beiden Leistchen nach hinten divergirend, den Trichterrand erreicht haben, steigen sie fast unmerklich über denselben hinaus und bilden eine jede für sich eine hervorragende kurz-dornige Spitze (Fig. 9 bei l), die an der Grenze des nächstfolgenden Wirbels ihren höchsten Punkt erreicht.

In der Gegend nun, wo die Dornfortsätze allmählich aufhören aus getheilten und ablösbaren Stücken zu bestehen, d. h. etwa in der Gegend des 30sten Wirbels von hinten her gezählt, sind dieselben auch schon inniger mit dem Wirbelkörper organisch verschmolzen und besitzen keinen weit hinaustretenden *proc. transv. sup.*, sondern jederseits nur eine nach vorn gerichtete kurze Spitze, die der oben beschriebenen Leistenspitze sich entgegenstellt (Fig. 13 bei m. m), so dass von der Wurzel eines jeden Dornfortsatzes eine ½′′′ lange Dornspitze sich nach vorn gerichtet findet. In der Gegend des 27sten Wirbels (von hinten gezählt) entwickelt sich auch an den *proc. spin. inferiores* ein ähnlicher gleichlanger Fortsatz mit derselben Richtung nach vorn (Fig. 13 m′. m′. m′), so dass z. B. ein **isolirter Wirbel aus der Gegend der Afterflosseninsertion** um den nach vorn gerichteten Trichtereingang seines Körpers von **vier nach vorn gerichteten langen Dörnchen** umgeben ist, zwei obern und zwei untern, die offenbar den *proc. transv. superiores* und *inferiores* und nicht den Articularfortsätzen zu vergleichen sind, während der hintere Eingang zum Trichter des Wirbelkörpers zwar auch von 4 Dörnchen (2 obern und 2 untern) umstellt ist, welche jedoch den hintern Trichtereingang nur eben erreichen, aber nicht über ihn hinausragen.

Die *proc. spin. inferiores* sind vom 23sten Wirbel (von hinten gezählt) ab, nach dem Schädel zu, nicht mehr an ihrer Spitze einfach, sondern deutlich getheilt, und zweispitzig (Fig. 12 r. r. r). Am 33sten Wirbel (von hinten gezählt) fehlt die an den nächst vorhergehenden Wirbeln sehr deutlich ausgesprochene verbindende Brücke zwischen den Dornfortsatzästen, die dadurch einer Lyra gleichen (Fig. 12. r. r. r) und so sind am 33sten und und 34sten Wirbel (von hinten gezählt) nur noch 2 freie Spitzen vorhanden, welche rechts und links von der nunmehr nur einfach vorhandenen Leiste auf der Grundfläche des Wirbelkörpers sich inserirt und mit der Knochenmasse des Körpers verschmolzen zeigen. Alle Wirbel vom 34sten ab bis zum Hinterhauptsbeine besitzen auf ihrer Basis stets die 3 parallelen oben beschriebenen Längsleisten (Fig. 11. u'. u". u''') und sind dadurch so characterisirt, dass sie sich durch dieses Erkennungszeichen sofort diagnosticiren lassen, während alle mit proc. spin. inf. versehenem Wirbel entweder nur eine Längsleiste oder zuletzt auch diese nicht mehr auf der unteren Aussenfläche der Wirbelkörper zeigen.

Die beiden Aeste, aus denen die *proc. spin. inf.* hervorgehen, sind stets nahe dem vordern Trichtereingange zum Wirbelkörper inserirt (Fig. 12. r. r. r), und von ihrer Insertionsstelle aus, nach der hinteren trichterförmigen Apertur zu, erstreckt sich eine dünne zugeschärfte Knochenleiste, die zwar auch bei den Wirbeln angedeutet ist, denen die unteren Dornfortsätze fehlen, sich aber ihrer geringen Grösse willen leicht übersehen lässt, während sie bei allen Wirbeln mit deutlich ausgesprochenen unteren Dornfortsätzen sich stark manifestirt und wesentlich dazu beiträgt, dass auch bei den Wirbeln dieser hinteren Region am Körper sich 7 Knochenleisten zählen lassen, die jedoch eine ganz andere Lage und Bedeutung besitzen.

Bevor ich die Knochen der Rumpfregion verlasse, scheint es mir angemessen, auf den eigenthümlichen Bau des letzten Schwanzwirbels hinzuweisen, der sich von allen Wirbeln dadurch leicht unterscheidet, dass er am Körper nur eine und zwar die nach vorn gerichtete trichterförmige Apertur besitzt, während die hintere gänzlich fehlt, der Wirbelkörper mithin einer Pauke, oder einem kupfernen Kessel gleicht, der sich mit einem starken, gabligen Anhange in eigenthümlicher Weise decorirt zeigt. Denkt man sich eine Pauke, an deren bauchigen Kessel an irgend einer beliebigen Stelle ein schief nach aufwärts steigender gabelspaltiger Schwanzanhang inserirt wäre, so würde ein solches Gebilde ohngefähr dem letzten (Schwanz-)Wirbel des Herings gleichen. Der gabelartige Anhang mag der wieder doppelt auftretende proc. spin. sup. sein, aber er trägt ausserdem einige Schwanzflossenstützen so, dass man meinen möchte, sie wären mit ihm organisch verbunden. Indessen überzeugt man sich doch bei öfters wiederholter Untersuchung frischer Schwanzwirbel, dass die scheinbar organisch mit ihm verbundenen Stücke: Schwanz-Flossenstützen sind, die durch Bänder mit ihm in Verbindung stehen.

Die Darstellung des Schädels bei Brandt und Ratzeburg sowol, als bei Rosenthal mit allen ihren Details, habe ich genau verglichen, bin jedoch nicht zu wesentlich abweichenden Ansichten gekommen, daher ich hier zur Vermeidung von Wiederholungen auf eine detaillirte nochmalige Auseinandersetzung bekannter Thatsachen verzichte. Desgleichen geben die Darstellungen der Weichtheile von Brandt und Ratzeburg (l. c. Tab. VIII. fig. 1) zu besonderen Gegenbemerkungen keinen Anlass. Die Messung des Schlundes ergab beim ausgewachsenen Weibchen eine Länge von 9''', ebenso die des Magens von 9'''; die des Blinddarms von 1'' 3'''; die der append. pyloricae von 1'' 2''' Länge. — Das Darmstück, längs welchem die appendices sich in dasselbe einmündeten war 4''', der übrige Theil des Darmes 3″ 8‴ lang. Die Länge der Schwimmblase endlich betrug 4″.

Ebenso wenig wie Valenciennes (l. c. pag. 41) fand ich einen Zusammenhang zwischen der Höhle der Schwimmblase und dem Gehörorgane. Zwischen beiden Apparaten besteht keine andere, als eine einfach ligamentöse Verbindung. Dagegen steht die einzellige Schwimmblase mittelst eines ungewöhnlich langen, vom unteren Theile des Schlundes ausgehenden und von da allmählich bis zur Schwimmblase selbst sich mehr und mehr verengernden Canals mit dem Schlunde selbst in directem Zusammenhange, so dass man nach unterbundenem Magen vom Schlunde aus, leicht Luft in die Schwimmblase eintreiben kann.

3. Der Schuppenpanzer

grösserer Individuen ist zwar durch Bloch, Brandt und Ratzeburg sowie durch Valenciennes abgebildet worden; allein ich glaube nicht, dass einer der genannten Autoren jemals ein Thier mit vollen Schuppen seinem Zeichner vorlegen konnte. Geeignete Präparate fehlen allen Museen und zwar deshalb, weil die in der Nordsee übliche Fangmethode es unmöglich macht, einen Fisch unversehrt aus den starken und grossen Netzen herauszunehmen. Wenigstens mir ist es mit den hiesigen sogenannten Netzenheringen niemals geglückt und auch die exorbitantesten Preise, die ich für ein völlig beschupptes Individuum bot, lieferten mir keine normalen Thiere. Nachdem ich aber die grossen hierorts landesüblichen Reusen näher kennen gelernt hatte, war ich fernerhin besorgt, vollständig erhaltene Thiere zu acquiriren. Zur Vermeidung eines unverhältnissmässigen Kostenaufwandes begab ich mich selbst im April 1855 des Morgens um 4 Uhr mit den Besitzern einer Reuse auf der Halbinsel Mönchgut (Rügen) zu ihrer am Binnenstrande aufgestellten Reuse, und nachdem die während der Nacht in der Reuse eingetroffenen Fische durch Heben des grossen Apparats in die hintere Abtheilung getrieben worden waren, erfasste ich die an die Oberfläche des Wassers kommenden

Thiere beim Schwanze und steckte sie, so rasch als möglich, in ein bereit gehaltenes grosses Glasgefäss, welches mit Spiritus vini (von 90%) Tralles) erfüllt war. Dieses auch später mehrmals ausgeführte Verfahren hatte zur Folge, dass die so behandelten Heringe ebenso wie die bei Triest in gleicher Weise eingefangenen Sardinen mit wohlerhaltenen Schuppen für die Zwecke des Unterrichts und des hiesigen Museums gewonnen werden konnten.

Heringe, welche auf diese Weise behandelt wurden und jedem Zeichner als vollgültige specimina gelten können, besitzen 15 bis 16 parallele Schuppenreihen und in einer der längsten, in der Gegend der linea alba etwa gelegenen Reihe, gegen 58 Schuppen. Dem blossen Auge erscheinen die Schuppen rundlich, bei einer hundertmaligen Vergrösserung aber erkennt man, dass die freie Hälfte der Schuppe mit concentrischen Streifen versehen ist, während die in der Haut verborgene andere Hälfte radiale Erhabenheiten besitzt, die am hintern Rande in schwache Zähnchen auslaufen, auf deren Oberfläche isolirte dunkelfarbige Pigmentmassen von eigenthümlicher Configuration sich befinden. Diese Pigmente sitzen in radial gestellten, wellenlinigen Gängen von geringer Länge, so dass die strahligen Pigmentmassen höchstens einen Durchmesser von der Breite der kleinen Zähnchen des Schuppenhinterrandes besitzen. Der mit concentrischen halbkreisförmigen Linien bedeckte andere Schuppentheil ist von einer dünnen Zellgewebsschicht bedeckt, in welcher parallel laufende die concentrischen Bogenlinien im Sinne der Radien kreuzende Langzellen mit farbigen Pigmenten erfüllt, sich befinden. Diese mit rothen, blauen, gelben Pigmenten erfüllten verschiedenlangen Zellen bringen die köstlichsten Farbentöne hervor, durch die der frische Hering so ungewöhnlich prachtvoll gefärbt erscheint. Die Farben sind durchaus constant und ändern sich wenig durch auffallendes Licht; es ist also kein blosses Irisiren, ein Lichtbrechungsphänomen etwa, sondern ein von abgelagerten Farbstoffen herrührendes Farbenschillern.

Bei den Rückenschuppen herrscht stahlblau vor, das beim Uebergange zu den Seiten des Fisches durch eine Mischung von gelb und blau (smaragdgrün) verdrängt wird, dem nach der Bauchkante zu, die atlasglänzende leuchtende Silberfarbe folgt, die nunmehr zur herrschenden wird. Durch die constant abwechselnden drei Hauptfarben gelb, blau, roth in den kleinsten Räumen auf einer und derselben Schuppe dürfte vielleicht die silberweisse Farbe zu erklären sein, da ja bekanntlich die **Summe aller Farben** stets weiss d. h. farblos erscheint. Das Vorherrschen **eines** bestimmten Pigmentes aber, auf einer und derselben Schuppe, erzeugt die gleichmässig stahlblauen Farben, während die abwechselnd gelb und blau gefärbten Langzellen die smaragdgrüne Farbe hervorrufen.

Was nun ferner

4. die Generationsorgane und die sich entwickelnde junge Brut

anlangt, so fand ich die ersten sicheren Beweise der Geschlechtsreife bei 6½" langen Weibchen, während 6zöllige Weibchen noch nicht mit ablöslichen Eiern versehen waren. — Die Frage ob ein und derselbe Hering zweimal im Jahre zu laichen vermag, glaube ich mit Nein beantworten zu müssen, ungeachtet die Production der Geschlechtsstoffe eine so überaus reiche ist, und ungeachtet experimentelle Beweise mir nicht zur Seite stehen. Die Inwyken des Stralsunder Regierungs-Bezirks, zumal die weitaus ergiebigsten Fangorte liefern nämlich nur einmal des Jahres und zwar während des Frühlings hinreichend lohnende Erträge, während wenn eine doppelte Laichzeit bei allen Stümen (Heringszügen) stattfände, unzweifelhaft auch eine doppelte Fangzeit längst bestehen und die, im **Juni bereits,** aus dem Wasser genommenen grossen Reusen unzweifelhaft zum zweiten Male aufgestellt werden würden, indem das Wohl und Wehe zahlreicher Fischerfamilien auf das Innigste an die Erträge der Heringsfischerei sich anknüpft.

Demungeachtet kann nicht in Abrede gestellt werden, dass, gleich den Heringen der Nordsee, auch die der Ostsee, theilweise, ja man darf sagen, **meistentheils im Frühjahre**, theilweise aber auch im **Herbste laichen**; aber es sind nach meinem Dafürhalten wenigstens **andere Stüme, die im Herbste**, und wieder **Andere, die im Frühjahre laichen**. — Form, Grösse, Lagerung und Ausführungsgänge der keimbereitenden Organe sind so allgemein und zur Genüge bekannt, dass es überflüssig erscheint, hier noch einmal ihrer ausführlich zu gedenken. Die Micropyle an den reifen Eiern aufzufinden und offen zu sehen, ist mir ebenso wenig gelungen, als es mir möglich war, über die Form der Spermatoiden ganz ins Klare zu kommen. Abgesehen von der Schwierigkeit den rechten Augenblick zu treffen, sind auch die Umstände, unter denen man dergleichen Beobachtungen auszuführen im Stande ist, gewöhnlich so ungünstig, wie nur irgend möglich. — Den Spermatoiden schien stets der schwanzförmige Anhang zu fehlen, doch dürfte diese meine negative Behauptung noch keineswegs als schlussgültig anzuschen sein.

Auch die künstliche Befruchtung und Erziehung der jungen Brut ist mir, der ungünstigen Umstände willen, bisher **nicht** geglückt. Dagegen habe ich keinen Grund zu zweifeln, dass die an den Blättern der Zostera marina L. und den Zweigen der Charen während des Mai zahlreich anhaftenden Eier dem Heringe angehörten, zumal ich zu Ende des Juni bereits junge Heringsbrut gefunden habe. Ein sehr junges Individuum von 2" 4''' Länge wurde einstens im Rykflusse gefangen, in welchem das süsse Wasser wesentlich vorherrscht und das Seewasser durch die zeitweilig einströmenden Wasser des Boddens sehr schwach vertreten ist. Bei diesem sehr jungen, wahrscheinlich erst 2—3 Monate alten Individuum fand ich folgende Längenverhältnisse:

1) Von der Schnauzenspitze bis zur Endspitze des bereits gabeligen Schwanzes . . . . . . 2" 4'''
2) Von der Schnauzenspitze bis zum Hinterrande des Kiemendeckels . . . . 0' 6'''

3) Von der Schnauzenspitze bis zum Anfange der
   Rückenflosse . . . . 1" 0'"
4) Von der Schnauzenspitze bis zum vordern
   Rande der Bauchflosse . . . . 1" 1,5'"
5) Von der Schnauzenspitze bis zum vordern
   Rande der Afterflosse . . . . 1" 7'"
6) Von der Schnauzenspitze bis zum vordern
   Rande der Schwanzflosse . . . . 2" 0'"
7) Umfang des Leibes in der Gegend der Rückenflosse . . . . 0" 10'"
8) Höhe des Leibes . . . . 0" 5'"
9) Durchmesser des Auges . . . . 0" 1,2'"

Zahlreiche Individuen von 4" und 5½" Länge wurden während mehrerer Frühlingsfangzeiten mit grossen ausgewachsenen Individuen in den Reusen gefangen, so dass es scheint, als gesellten sich auch die Matjes- (Jungfern-) Heringe zu den Vollheringen, um mit ihnen die Laichplätze zu besuchen und von denselben vorläufig bis auf Weiteres Kenntniss zu nehmen.

Die Längenverhältnisse eines derartigen 4" langen Thierchens stellten sich folgenderweise:

1) Von der Schnauzenspitze bis zur Endspitze
   des gablig getheilten Schwanzes . . . . 4" 0'"
2) Von der Schnauzenspitze bis zum Hinterrande
   des Kiemendeckels . . . . 0" 10'"
3) Von der Schnauzenspitze bis zum vordern
   Rande der Rückenflosse. . . . . 1" 9'"
4) Von der Schnauzenspitze bis zum vordern
   Rande der Bauchflosse . . . . 1" 10'"
5) Von der Schnauzenspitze bis zum vordern
   Rande der Afterflosse . . . . 2" 6'"
6) Von der Schnauzenspitze bis zum vordern
   Rande der Schwanzflosse . . . . 3" 3'"
7) Umfang des Leibes . . . . 1" 6'"
8) Höhe des Leibes . . . . 0" 7'"
9) Durchmesser des Auges . . . . 0" 2'"

Die durchschnittliche Länge der in Reusen gefangenen Frühlingsheringe beträgt wohl 8"; während die durchschnittliche Länge der in Mansen und im Ziehgarn gefangenen Heringe je nach der Lokalität, woselbst sie gefangen wurden, 9″ betragen dürfte, obschon alte weibliche Thiere besonders kurz nach Aufgang des Eises gefangen, nicht selten eine Länge von 9″ 2‴ bis 9″ 9‴ erreichen. — Es scheint als ob die grössesten und ältesten Thiere zuerst zu Laichen beginnen, während die mittellangen Thiere im Allgemeinen später laichen, obschon freilich auch zwischen durch einmal wieder ein Zug (Stüm) von grössern Thieren gefangen wird.

Ein 9″ 9‴ langes Weibchen (Vollhering) ergab folgende Maasse:

1) Von der Schnauzenspitze bis zur Schwanzspitze . . . . 9″ 9‴
2) Von der Schnauzenspitze bis zum Hinterrande des Kiemendeckels . . . . 1″ 9‴
3) Von der Schnauzenspitze bis zum Anfange der Rückenflosse . . . . 4″ 6‴
4) Von der Schnauzenspitze bis zum Anfange der Bauchflossen . . . . 4″ 10‴
5) Von der Schnauzenspitze bis zum Anfange der Afterflosse . . . . 6″ 9‴
6) Von der Schnauzenspitze bis zum Anfange der Schwanzflosse . . . . 8″ 6‴
7) Umfang des Leibes vor der Rückenflosse . 4″ 4‴
8) Höhe des Leibes (von der Rückenflosseninsertionsstelle bis zur Bauchkante in gerader Linie gemessen) . . . . 1″ 11‴
9) Grösster Querdurchmesser des Körpers . . 0″ 10‴
10) Grösster Durchmesser des Auges (von aussen gemessen) . . . . 0″ 5‴

Dass ein Weibchen von diesen Dimensionen denen der Nordseefische nahe steht, bedarf keines Beweises. Der Nordseehering besteht wegen der angenommenen Maschenweite der gebräuchlichen Netze nur durchweg aus derartigen Fischen, während der Ostseehering, zumal der in Reusen gefangene pommersche Küstenhering aus Thieren verschiedenster Grösse besteht.

5. Die Nahrung des Herings

anlangend, so fand ich nur ein einziges Mal im Heringsmagen ein unvollständiges Individuum einer *Orchestia*-Species; in allen übrigen sehr zahlreichen Fällen, und zu allen Jahreszeiten fand ich stets mehr oder weniger veränderte Bruchstücke oder auch ganz erhaltene Thiere, die sich indessen bei genauerer Prüfung nicht sowohl der Gruppe der Amphipoden, sondern der Gruppe der Copepoden zugehörig erwiesen. — Nach Eckström[1]) findet man im Heringsmagen: kleinere Fische, Seewürmer, Mollusken und Krebsthiere. — Bloch[2]) bezieht sich auf die Angaben von Neucrantz, welcher kleine Krabben im Magen gefunden, während Leuwenhoek auch Fischrogen daselbst gesehen haben will. Was Bloch ausserdem vom „Roe-aat" der Norweger anführt, die nach Fabricius kleine Krebse, nach der Meinung der Norweger kleine rothe Würmer sein sollen, lässt sich jetzt kaum mit Sicherheit auf seinen wahren Werth zurückführen. So viel ich aus Bock's[3]) Mittheilungen über den *Roe-Aat* schliessen kann, sind hierunter wurmförmige Thiere zu verstehen, die sich in den norwegischen Gewässern während des Sommers so zahlreich finden, dass die Wasser davon roth gefärbt erscheinen sollen. Von den Heringen verschluckt sollen sie denselben schädlich werden, so dass eine „gänzliche Auszehrung erfolget".

Aehnliches habe ich bei den Ostseeheringen nicht beobachtet, sondern in deren Magen, wie bereits angedeutet: fast ausschliesslich Copepoden gefunden, und zwar den: *Diaptomus castor* (J. O. Westwood) Jurine. — Diese Copepoden-Art wird von W. Liljeborg[4]) zwar nur unter den Süsswasserformen genannt, allein ich habe diese

---

1) l. c. p. 220.
2) l. c. p. 194.
3) Versuch einer vollständigen Natur- und Handlungsgeschichte der Heringe. Königsberg 1769. 8° p. 28.
4) Om de inom skåne förekommende crustaceer af ordningerne Cladocera, Ostracoda och Copepoda. Sect. I. Lund 1855. 8° p. 135. tab. XIII. fig. 1—10.

Species doch auch sehr häufig unter den Copepoden unserer pommerschen Brackwasser (versüsstes Seewasser) beobachtet und wunderte mich daher gar nicht, diese Thierchen im Magen des Küstenherings Pommerns zu Tausenden wiederzufinden. Wunderbar erscheint es mir nur, dass der Hering diese fast mikroskopisch-kleinen Krebschen findet und sie so rein aus der anderweit sich darbietenden Nahrung heraus zu suchen vermag. Nur weil die kuglige Linse im Heringsauge so stark vergrössernd wirkt (ich schätze die Vergrösserung weit über eine 20fache lineare), wird dem Heringe das Auffinden so kleiner Crustaceen möglich. Das menschliche Auge erkennt sie auf weisser Unterlage z. B. einer Porzellanschale allerdings noch ziemlich gut, allein in dunkelgefärbten Gefässen sind sie nicht mehr zu bemerken. Der Hering erkennt diese kleinen Copepoden aber doch in den dunklen Tiefen des Seegrundes.

Während ich also nur den Diaptomus castor Jurine, eine vorwiegende Süsswasser-Copepodenform im Heringsmagen fand, berichtet Valencicunes[1]) auf Grund von Untersuchungen, zu welchen ihm Rob. Knox aus den Mägen schottischer Heringe das Material zugesandt hatte, dass er nur: „*Cyclops furcatus* Baird und *Cyclops Strönici* Baird gefunden habe, kleine Entomostraceen, die Milne-Edwards zu seinem Genus Cyclopsine zöge". — Abgesehen von der in Folge eines Druckfehlers wohl entstandenen irrthümlichen Bezeichnungsweise: „Strönici" statt „Strömii", haben wir in diesen beiden Copepoden zwei Arten aus zwei verschiedenen Meerwasser-Copepoden-Gattungen, die mit Liljeborg zu bezeichnen sein würden: *Tisbe furcata* Baird und *Canthocamptus Strömii* Baird. Die schottischen Heringe leben in der eigentlichen Salzsee und ihnen bieten sich folglich auch nur ächte Seewasser-Copepoden dar. Der Ostseehering dagegen lebt im Brackwasser und kann daher auch nur zu denjenigen Copepoden gelangen, die ihm ein so schwach gesalzenes Seewasser zu liefern vermag. —

---

1) l. c. p. 69.

Allein die beiden von Valenciennes im Heringsmagen gefundenen Copepoden-Formen fand Liljeborg auch in der Ostsee, nur fand ich sie nicht im Krebsmagen und daher schliesse ich aus dieser meiner Meinung nach bemerkenswerthen Thatsache, dass der Ostseehering wie er in Greifswald z. B. in so grosser Menge zur Verwendung kommt, **nicht aus der eigentlichen freien Ostsee**, sondern aus den **zahlreichen** mit **Brackwasser** erfüllten **Inwyken** und **Bodden** stammt, in denen er gefangen ward. Andere diese Behauptung rechtfertigende und unterstützende Thatsachen werden weiter unten zur Sprache kommen.

6. Der Aufenthaltsort und die geographische Verbreitung

des Ostsee-Herings ist, wie schon mehrmals angedeutet und es auch anderweitig hinlänglich bekannt ward, zunächst das eigentliche Seewasser, dann aber auch das Brackwasser der Ostsee. Steht mir leider keine neue Analyse der Brackwasser zur Disposition, so geht doch aus den Untersuchungen und Mittheilungen der Herren Goebel und Seetzen[1]), auf welche sich Hamel[2]) stützt, hervor, dass der Salzgehalt der Ostsee zwischen $\frac{1}{2}\%$ (bei Riga) bis 1,7% (bei Kiel) schwankt, so dass in der Gegend zwischen Swinemünde und Greifswald etwa, reines Ostseewasser gegen 1% an gelösten Salzen besitzen dürfte, die aus Chlornatrium, Chlorkalium, Chlormagnesium, schwefelsaurem Kalk und Magnesia und vielleicht auch aus kohlensaurem Kalk und Magnesia bestehen, während von Jod- und Bromverbindungen sich nur erst geringe Spuren zeigen. — Die Nordsee dagegen besitzt ein Minimum an Salzen von $3\frac{1}{4}\%$ an der Westseite Holsteins, und ein Maximum von 3,9% an der englisch-französischen Küste. — Unter diesem extremen Salzgehalte von $\frac{1}{2}\%$ bis 3,9% lebt der Hering überhaupt,

---

1) Das Seebad zu Pernau an der Ostsee. Lpz. 1845.
2) Bulletin de l'acad. impér. des sciences de St. Petersbourg 1852. Tom. X. No. 18—20 p. 313.

und so kann es uns nicht Wunder nehmen, wenn er auch in den, mit versüsstem Seewasser (Brackwasser) erfüllten zahlreichen Buchten (Inwyken und Bodden) der pommerschen Küste lebt, deren Salzgehalt von etwa $\frac{1}{2}\%$, dem bei Riga und Reval entsprechen dürfte.

Nach mündlichen und schriftlichen Berichten, die ich aus diversen Ostseestädten in Folge eingezogener Erkundigungen erhielt, geht nun aber mit Evidenz hervor, dass der **Salzgehalt das massenhafte Vorkommen des Herings in der Ostsee durchaus nicht bestimmt.** Nach **Eckström**[1]) findet sich der **Strömming** (Clupea harengus Membras L.), offenbar eine Formvarietät unseres Heringes, die sogar die Länge von 9″ und eine Breite von 2″ erreicht, am häufigsten in dem scandinavischen Theile der Ostsee unterm 60° n. Br., folglich in den an **Salzen ärmsten Gewässern**; Eckström fügt ausdrücklich hinzu, „bei Torneå, wo das Wasser kaum noch dem Seewasser gleicht". In Eckström's reichen naturgeschichtlichen Beobachtungen über die mannigfachen Abänderungen und die verschiedenartigen Fangmethoden des Strömlings findet sich durchaus kein Widerspruch mit seiner Behauptung über die Häufigkeit dieses Fisches in Mörkö, der sogar dort noch gesalzen und geräuchert wird. — Dass auch an den Küsten der Ostseeprovinzen des russischen Reichs Hering (**Strömling** auch hier genannt) vorkommt, findet unzweifelhaft in dem demnächst erscheinenden grossen Werke **von Baer's** seine Bestätigung, welches derselbe im Auftrage seiner Regierung über den Zustand des Fischfanges in Russland publiciren wird[2]). Freunde aus Esth-, Liv- und Curland haben mir übrigens oft genug von ihrem heimischen **Strömlinge** erzählt; ob derselbe aber so häufig sei, um, wie in den Scheeren von Mörkö grössere Salzereien und Räuchereien zu versorgen, ist mir nicht sicher bekannt geworden.

---

1) l. c. p. 212.
2) Koner, Zeitschrift für allg. Erdkunde Bd. XIII. Berlin 1862. p. 360.

An der Küste des ostpreussischen Samlandes[1]) fängt man auch noch „Strömlinge" und benutzt zu deren Fange ein frei schwimmendes grosses Netz (ob Manse oder Ziehgarn ist nicht genau angegeben). Aehnliche bestätigende Mittheilungen erhielt ich während der Naturforscher-Versammlung in Königsberg und Danzig 1860[2]), auch ergeben sie sich aus den unten ([1]) citirten Rathke'-schen Verzeichnissen zur Genüge.

Von der hinterpommersch-westpreussischen Grenze bis Swinemünde hin, findet sich der Hering jetzt vorzugsweise im Herbste, und zwar doch auch nur in so geringer Quantität, dass er zu technischen Unternehmungen durchaus nicht aufmuntert und kaum hinreicht, um im frischen Zustande der Nachfrage zu genügen ([2]).

An der Küste von Usedom dagegen habe ich vor 5—6 Jahren etwa noch mehrere Vitten (mit oberbehördlicher Erlaubniss angelegte Heringspackereien) gesehen, bin zu Oefterm Zeuge von ausgiebiger Ausbeute des dortigen Heringsfangs gewesen und kann mich ausserdem in dieser Beziehung auf Christoffel's Schrift über die Ostseefischereien, so wie auf die Steuer-Register des Haupt-Zoll-Amtes zu Wolgast beziehen, aus deren Angaben die an die Usedomer Vitten gelieferten Quantitäten bonificirten Salzes sich mit Zahlen belegen liessen. — Ausserdem finden sich in Peenemünde, so wie in Cröslin (Fischerdörfer am Eingange der Peene), bereits grössere Veranstaltungen zum „Räuchern" der Bücklinge, so dass selbst eine Ausfuhr derselben von da nach dem Hinterlande möglich wird. Seit 600 Jahren aber sind die Küsten Rügens, besonders des südlichen

---

1) Haude und Spener'sche Zeitung Jahrg. 1855. No. 271. Beilage No. 2. 18. Novbr. in den Streiflichtern aus Preussen und Rathke's „Verzeichniss der in Ost- und Westpreussen vorkommenden Wirbelthiere" in den Neuen Preussischen Provinzialblättern Bd. II. Königsbg. 1846. p. 18. No. 55.

2) Ueber das Vorkommen des Herings in dortigen Gegenden während des 13ten Jahrhunderts wird weiter unten Bericht erstattet werden.

und südöstlichen Theils, wegen ihres grossen Reichthums an Heringen weit und breit berühmt. Wird doch sogar durch ein altes Wiegenlied der hoffnungsvollen Jugend der wackern Mönchguter die Bedeutung des Herings begreiflich gemacht und im frischen Andenken erhalten, welches plattdeutsch also lautet:

„Hüsse, büsse, lewes Kind,
Vadder, de fängt Hiering;
Moder, de sitt an den Strand
Vadder, de kümmt bald an Land
Met en Föder Hiering!"

So wie der Fang des Herings an den südlichen und südöstlichen Rügenschen und den ihnen gegenüberliegenden neuvorpommerschen Küsten blüht, so auch die daran sich anschliessenden Industrieen und kann es daher kein Wunder nehmen, wenn Greifswald, die nächst grösste Stadt an diesen heringsreichen Küsten, die umfänglichsten Veranstaltungen zum „Salzen" und „Räuchern" dieser in grosser Fülle gefangenen Fische besitzt und mutatis mutandis in der Ostsee, die Rolle von Yarmouth in der Nordsee spielt.

Um vieles ärmer an Heringen sind zur Zeit die Westküsten Rügens, so wie die pommersche Festlands-Küste um Stralsund und Barth. — Selbst der Aussenstrand der Halbinseln und Inseln: Zingst, Dars und des meklenburgischen Fischlandes geben nur geringe Ausbeute; kaum etwas mehr als der inländische Bedarf erheischt und nur ab und zu kömmt es zu grösseren Abfuhren. Und doch ist der Salzgehalt der Ostsee um diese Lande herum entschieden höher, als der im Greifswalder Bodden. Bei Rostock beträgt der Salzgehalt sogar schon circa 1,6% und nimmt von da nach den holsteinischen Ostseeküsten noch stetig zu. Aber mit dem Salzgehalte wächst keineswegs die Quantität des Herings, denn selbst an den Küsten der dänischen Inseln und an der einstmals so heringsreichen südlichen Küste Schwedens kommt er jetzt in so geringen Mengen nur vor, dass seit mehreren Jahren bereits schwedische Fischerboote nach Mönchgut kommen, um frischen Hering aufzukaufen; wie ich selbst durch mündliche Mittheilungen der Fischer ermittelt habe und es auch aus Fock's interessanter Schrift[1]) weiter zu beweisen im Stande bin.

Aus der Verbreitung des Herings in der Ostsee geht demnach hervor, dass **nicht** sowohl die **Zunahme des Salzgehaltes** dessen **Massenerzeugung** bedingt, sondern diese vielmehr abhängig sein dürfte von der Configuration der Küste und der Bodenverhältnisse der benachbarten Gewässer. — Grenzen nämlich an **tiefe Stellen, sandige** und **seichte Ufer**, finden sich zahlreiche **Inwyken**, von **scheerenartiger Beschaffenheit**, wie an den norwegischen und schottischen Küsten, da tritt auch der Hering massenhaft auf. Langgedehnte Küstenstrecken dagegen, mit weit in die See vorspringenden Sandbänken, bieten weder einer **reichen submarinen Vegetation**, noch auch der Massenerzeugung des Diaptomus castor Jur. und der **Heringe** die geeigneten Lokalverhältnisse dar.

Bei der Erklärung

7. der Massenerzeugung

spielt also, wie wir eben sahen, nicht sowohl der Salzgehalt, als vielmehr a) das zur **Ernährung** zahlreicher **Individuen zureichende Quantum von Copepoden** (und zwar an den pommerschen Küsten: des Diaptomus castor Jurine [Cyclopsine castor Jur.], bedingt durch reiche Seegrundsvegetation) und sodann b) die **möglichst reiche Küstenentwicklung mit benachbarten tiefgründigen Stellen** eine hervorragende Rolle. Aber es ist auch noch ein 3tes Moment dabei in Betracht zu ziehen, nämlich: das grosse **Productionsvermögen der keimbereitenden Organe**.

Ein Gramm frischer Eier enthielt nach meiner Zählung: 1950 Eier; allein diese Zahl dürfte sich unbedenk-

---

[1] Rügensch-Pommersche Geschichten aus sieben Jahrhunderten Heft II. Lpz. 1862. p. 166. Nota **.

lich auf 2000 erhöhen lassen, weil es bei der Kleinheit der Heringseier und der Klebrigkeit ihrer Oberfläche allzuleicht geschieht, dass die für die Zählung abgetheilten Sectionen unbemerkt Verluste erleiden. Der ganze Rogen eines 8" langen Weibchens aber, welches 3½" Umfang an der dicksten Stelle seines Leibes besass, wog (auf einer chemischen Waage sorgfältig abgewogen) genau 12½ Gramme. Multiplicirt man 1950 mit 12½, so ergeben sich 23,400 Eier für ein zeugungsfähiges Weibchen mittlerer Grösse. Dass aber Weibchen von 9" 9"' mehr Eier besitzen, so wie Weibchen von geringerer Grösse, weniger Eier ablegen werden, muss als selbstverständlich vorausgesetzt werden. Die Zahl von 24,000 Eiern als Durchschnittszahl für alle laichenden Individuen ist daher jedenfalls gewiss nicht zu hoch gegriffen. Bloch[1]) berechnet dagegen die Durchschnittszahl der Eier eines Heringsweibchens mittlerer Grösse auf 68,656, während Harmer[2]) die Zahl der Eier zwischen 21,000 bis 36,000 schwankend fand. Meine Zählung würde demnach für den kleineren Ostseehering das mittlere Quantum angeben, während ohngefähr 28,000 die Durchschnittszahl für den Nordseehering sein dürfte.

Nimmt man nun auf ein Weibchen zwei Männchen an, wie es wohl meistens der Fall ist, und berechnet die Zahl der Weibchen für einen Heringszug z. B. wie er am Abend des 22. März 1831[3]) bei Gross-Zicker auf Mönchgut mit dem grossen Ziehgarn eingefangen wurde, so ergiebt sich für 280,000 laichende Weibchen die ungeheure Zahl von 6720 Millionen entwicklungsfähiger Eier, die von einem einzigen derartigen Heringszuge, wenn er den Gefahren der Nachstellung entgeht, abgelegt werden könnten! Ich selbst war zugegen, als im April 1855: 1200 Wall (à 80 Stück) in einer Reuse

---

1) l. c. p. 202.
2) Philosophical Transactions Vol. LVII. p. 291. — Bloch giebt (l. c.) an, dass Harmer nur 10,000 Eier gezählt habe, eine Angabe die mit Harmer's Notiz (l. c.) nicht zu vereinbaren ist.
3) Sundine, Jahrgang 1831 No. 14. p. 111. Es wurden 10,500 Wall à 84 Heringe gefangen.

gefangen wurden. Wären die auf $^1/_8$ zu reducirenden Weibchen zum Laichen gekommen, so würden durch diesen einzigen Heringszug 768 Millionen Eier abgesetzt worden sein, die, wenn alle zur Entwicklung gelangt wären, in einigen Jahren 400,000 Tonnen (à 24 Wall) **Salzhering** geliefert haben würden.

Dass dies nun in der Wirklichkeit nicht geschicht, dafür sorgt der **Mensch** nicht nur zur Genüge, sondern es helfen **ihm** auch die Meerschweine (Phocaena Rondeletii Van Bened.), die **Halichoerus**- und **Phoca**-Arten, der **Dorsch** und der **Schnepel**; abgesehen davon, dass ausserdem immense Mengen der Eier überhaupt gar nicht befruchtet und Legionen der jungen Brut ihren zahllosen Verfolgern allerlei Art zur Beute werden.

Es kann somit aber auch nicht Wunder nehmen, wenn ungeachtet der beträchtlichen Production von Geschlechtsstoffen es doch bereits an verschiedenen Küstenpunkten der Ostsee dahin gekommen ist, dass man den Fang ganz einstellen musste, wie es z. B. auf der Südspitze Schonens (Falsterbo etc.) im 14. Jahrhunderte der Fall gewesen, und wie um 1587 und dann zum zweiten Male in den zwanziger Jahren dieses Jahrhunderts die Bohuslän-Schoeren an der Westseite Schwedens des colossalsten Heringsfanges verlustig gingen[1]), der wohl jemals betrieben worden ist. Aber auch an den nördlichen Küsten der eigentlichen Ostsee ist der Heringsfang, so wie an verschiedenen Punkten der südlichen Küsten, in zeitweiliger Blüthe gewesen, später aber wieder eingestellt worden. — Nur von **Rügen** liegt der historisch leicht zu führende Beweis vor, dass der nur kurze Zeit ruhende Fang wiederum zu grösserer Blüthe gelangt ist, und sich jetzt vorwiegend an den östlichen, besonders aber an den südöstlichen und südlichen Küsten dieser schönen Insel im vollsten Betriebe befindet. Prüft man die Millionen von Heringen, welche von diesen Punkten Rügens aus nach Greifswald gelangen, so ergiebt sich mit grösster Leichtigkeit und Gewissheit, dass die **von verschie-**

---

[1]) Nilsson Skandinavisk Fauna 1855. 4 delen p. 500.

denen Fangplätzen eingehenden Heringe unter sich verschieden sind, während ein und derselbe Fangplatz ziemlich gleichartiges Gut liefert, dass also, um es mit einem allgemein bekannten Ausdrucke zu bezeichnen, sich bestimmt unterscheidbare

8. Racen

erkennen lassen, wie deren auch schon Eckström[1]) wenigstens vier (Abänderungen) in den Scheeren von Mörkö unterscheiden zu müssen glaubte. Allein die von ihm unterschiedene Not-Strömming-, so wie die Knif-Strömming-Abänderung dürfte auf den Namen einer Race wohl keinen Anspruch zu machen berechtigt sein, da sie nach Eckström's eigener Angabe „vermuthlich jüngere Individuen" sind, zum Theil von nur 4" Länge und stark zusammengedrücktem Leibe. Anders ist es schon mit seinem Lek-Strömminge von 9" Länge und dem Sköte-Strömminge von 6" Länge. Von diesen beiden Abänderungen laicht die erste im Frühling, die andere im Herbste. Der Lek-Strömming ist langgestreckt und stark zusammengedrückt, der Sköte-Strömming kurz, dick im Rücken und nur der Bauch stark zusammengedrückt. — Diesen beiden Racen des Strömlings im nördlichen Theile der Ostsee dürften die beiden Racen entsprechen, welche ich auf dem Aussen- und Innenstrande der Halbinsel Dars und Zingst beobachtete. Der Aussenstrandhering dieser westlichen Küste Neuvorpommerns ist auch im Mittel 9" lang und der Rücken verhältnissmässig schmal, während der im Saaler und Barther Bodden gefangene Binnenstrandhering, der in einem sehr versüssten, nur durch den Prerower Kanal mit Salzwasser gespeisten Wasser laicht, höchstens 6" lang wird und ziemlich dick im Rücken ist. Waren Eckström's Beobachtungen geeignet, zum weitern Verfolge der durch ihn angeregten Frage nach Artabänderungen einzuladen, so ist es zunächst Valen-

---

1) l. c. p. 208—212.

ciennes¹) Verdienst auf die Racen aufmerksam gemacht zu haben, die von Dieppe und Calais aus nach Paris geliefert wurden und den französischen Kaufleuten als leicht erkennbare Abänderungen seit langer Zeit bekannt waren. Der Hering von Calais ist lang gestreckt und ein wenig von der Seite comprimirt, der Hering von Dieppe dagegen stämmiger („plus trapu"), und abgerundeter.

Dass man am Heringe aus den nördlichen Theilen der Nordsee nicht schon längst ähnliche Beobachtungen gemacht hat, liegt wohl hauptsächlich an der gesetzlich normirten Maschenweite der holländischen Netze und sodann auch wohl am mangelnden Interesse für einen so untergeordneten Gegenstand. Indessen ist es doch dem scharfsichtigen Nilsson²) nicht entgangen, dass der norwegische Graebenssill, der sundische Kullasill, der schonensche Kiviksill und der Strömming in dem nördlichen Theile der Ostsee nicht bloss leicht unterscheidbare Abänderungen des Clupea Harengus L. vorstellen, sondern, dass sich auch im Speciellern der Hering aus dem Sunde vor Malmö, so wie der aus der Ostsee vor Cimbrishamm, desgleichen der Hering aus der Morupsseite bei Halland, vom Heringe aus der Kullagegend bei Schonen unterscheiden lässt.

Vergleicht man grosse Quantitäten von Heringen, wie sie von den Rügen'schen und Neuvorpommer'schen Fangplätzen in Greifswald abgeliefert werden, so kann man, ist der Blick hinlänglich praktisch geübt, mit ziemlicher Sicherheit den Fangort namhaft machen, von welchem die Einlieferung statt fand, auch ohne dass man die Lieferanten nach ihrer Heimath befragt. Während man im nördlichen Theile Rügens, auf der Halbinsel Wittow sowohl, als auf Jasmund, im Frühlinge nur kleinen und magern Hering und auch diesen noch so spärlich fängt, dass er wohl nur als Köder für Lachs und Dorsch, nicht aber für die Nachfrage der um-

---

1) l. c. p. 47.
2) Skandinavisk Fauna 4de delen. Lund 1855. p. 503.

wohnenden Bevölkerung zureicht, wird daselbst vom August bis zum October fetter grosser Hering gefangen, der sich dreist gutem Bergen'schen (Norwegischen) Fettheringe an die Seite stellen lässt und wenn nur in hinreichender Quantität zugänglich, unzweifelhaft das Renommée des pommerschen Küstenherings in besseren Credit bringen würde.

Rücksichtlich der Qualität lässt sich Aehnliches von jenen Heringen sagen, welche am Strande beim Dorfe Binz und sodann an der Mönchguter Nord- und Ostküste bei den Dörfern Göhren und Lobbe gefangen werden, von denen der Binzer unbedingt den Vorzug hat. Merkwürdig aber ist es, dass bei einer Distanz von höchstens 4 Meilen (von Nord nach Süd) an derselben Ostküste Rügens, die Laichzeit des im südlichen Theile gefangenen Fisches, in das erste Frühjahr fällt und zu dieser Zeit Massenerträge liefert, während der nördlicher gefangene Fisch nur im Herbste laicht und folglich dann auch erst in grösseren Quantitäten gefangen werden kann. Während nun der Lobbe-Göhren'sche Vollhering im Allgemeinen etwas kürzer, aber dicker im Rücken und fetter ist, auch der Hohlhering (Ylen oder Ihlen der Nordländer und Holländer) noch breitrückig erscheint, ist die Race welche eine Meile südlicher, am Thiessower Hövt (südöstlichstes Cap der 3armigen Halbinsel Mönchgut), so wie die, welche beim Klein- und Gross-Zicker'schen Hövt in grosser Fülle gefangen wird, länger und höher, als der Lobbe-Binzer, aber nicht so dick im Rücken.

Der westlichste Arm der Mönchguter-Halbinsel, der längste und schmalste von Nordost nach Südwest sich erstreckend, die Reddevitz genannt, wird von Heringszügen besucht, deren Individuen bei mässiger Länge wesentlich schmalrückiger als die Zickerschen sind, während der beim Dorf Babe gefangene Hering die schmalste der langstreckigen Racen aller Mönchguter Küsten darstellt. Das westlich von Babe gelegene Dorf Strohsow, am südlichen Ufer Rügens, lange Zeit Mittelhering liefernd, wird seit einigen Jahren von grossen Herings-

Stümen besucht, die gewöhnlich grössere Individuen führen, während die kleineren Stüme aus kleinen Individuen zusammengesetzt zu sein pflegen. Fast nur **Vollhering mittlerer Grösse und Dicke** liefert die **Wrecher Bock**, an deren Fange sich drei Dorfschaften betheiligen.

Die an den Usedomer Küsten vorkommenden Racen, obschon unzweifelhaft ebenso constant, wie die der Rügen'schen, sind mir nicht so detaillirt bekannt geworden, weil sie nicht in regelmässigen Lieferungen hier zu Markte kommen. Dagegen sind die im Greifswalder Bodden an den Küsten des neuvorpommerschen Festlandes gefangenen Racen, die sich sehr leicht durch geringere Länge und Höhe, so wie geringere Dicke im Rücken von den gegenüber am Mönchguter Ufer gefangenen Heringen unterscheiden lassen, am hiesigen Platze zur Genüge bekannt.

Diese auffallende **Constanz** gewisser Abänderungen, also der **Racen**, an ein und demselben Fangorte, in Verbindung mit der im Magen aller pommerschen Küsten-Heringe gefundenen Copepoden (Diaptomus Castor Jurine), so wie die aus der oben dargelegten geographischen Verbreitung resultirenden Ergebnisse beweisen zur Genüge, dass von eigentlichen grössern

Wanderungen

der **Heringsstüme** nicht wohl füglich die Rede sein kann, es sei denn etwa, dass man darunter den übrigens bei allen Fischen vorkommenden Trieb verstehen will, sich zu versammeln, um sich in grösseren Gesellschaften an die bekannten Laichplätze zu begeben und dort Eier und Spermatoiden abzusetzen.

Dass aber nur der Trieb zum Laichen den Hering zur Association treibt, ersieht man unzweifelhaft aus der einfachen Thatsache, dass weitaus die überwiegendste Menge der gefangenen Heringe im Frühjahre sowohl als im Herbste, und zumal zu Anfang der „Saison", stets aus **Vollheringen** besteht, während wenn **Nahrungsmangel** die Auswanderungsgesellschaften zusammenbrächte, doch jedenfalls es auffallend erscheinen müsste, dass nur die reich ernährten und von Geschlechtsstoffen am meisten trotzenden Individuen, deren Magen überdies mit zahlreichen Copepoden erfüllt ist, sich zur Aufsuchung anderer Futterplätze anschicken sollten.

Nahrungsmangel ist es also wohl sicherlich nicht, der die Heringe zur Bildung von transitorischen Genossenschaften (Stümen) veranlasst, sondern einzig und allein die Reife der Geschlechtsstoffe, die sie an geeigneten Stellen abzusetzen bemüht sein müssen, um ihre Art zu erhalten. Dass sich aber Männchen und Weibchen, auch ohne vom Begattungstriebe dazu veranlasst zu sein, sich dennoch zum Zwecke der Art-Erhaltung so massenhaft zusammenfinden, ist eine jener unbegreiflichen Thatsachen, zu deren vollem Verständnisse der Schlüssel fehlt und wohl auch nie gefunden werden wird.

Nicht minder merkwürdig und unbegreiflich ist es, dass sich die Gesellschaften unter Führung eines Heringskönigs an die ihnen bekannten Laichplätze begeben, wo dereinst ihre eigene Wiege unterm Schatten und Schutze des Seegrases stand. — Man wolle aber nur nicht meinen, dass der Heringskönig zu jenen fabulösen Fischen gehöre, wie einst der Fisch „*musculus*", welcher zu den Zeiten des Plinius dem grossen Walthiere des Mittelmeeres vorangeschwommen sein soll. Freilich meldet ein neuerer Berichterstatter im Anhange zur Zober'schen Uebersetzung des von Sell 1797 bearbeiteten Stettiner-Schulprogramms (Stralsund 1831. 8° p. 26) „er habe sich alle Mühe gegeben, den Heringskönig (Zeus faber) welcher nach Aussage glaubhafter Fischer solchen Zügen immer voran gehn soll, habhaft zu werden — aber umsonst". Was aber auch in aller Welt berechtigte denn jenen Berichterstatter den Zeus faber in der Ostsee zu erwarten und zu suchen? Verzichtet man auf Zeus faber und sucht unter einem Heringskönige nichts Anderes als einen mässig grossen männlichen oder weiblichen Hering mit mässig blutroth gefärbten Kiemendeckeln, mässig blutroth gefärbten paarigen und unpaarigen Flossen, so kann man deren zur Genüge haben, wenn man mit den Fischern einiger Dorfschaften auf

Höhe eines Preises von 5 Sgr. pro Stück accordirt. — Mir wurden wenigstens für diesen Preis von verschiedenen Fischerdörfern zahlreiche Individuen zugebracht, ohne dass es zuvor einer weiteren Beschreibung und Verständigung über den Heringskönig bedurft hätte. Alle Heringsfischer kennen diesen rothgefärbten Zugführer, werfen ihn aber an unsern Küsten nicht, wie es die Heringsfänger der Nordsee[1]) thun sollen, wieder ins Meer zurück, sondern liefern ihn wie jeden andern Hering an die Salzereien ab. — Eckström (l. c. p. 210) nennt als charakteristische Farbe des auch in den Scheeren von Mörkö wohlbekannten und Strömmings-Kungar benannten Heringskönigs violett und sagt, dass der „ganze Kopf und dann und wann der ganze Körper violett" sei. Die neuvorpommerschen Heringskönige waren in keinem der mir vorgekommenen Fälle violett und überhaupt war die mehr hell-blutröthliche Farbe niemals über den ganzen Körper verbreitet. — Der Heringskönig ist aber nicht bloss aus sehr verschiedenen Theilen der Ostsee[2]) bekannt, sondern auch aus der Nordsee. Nach Anderson[3]) sollte es um Island ¾ Ellen lange Heringe geben, die drei Querfinger Breite besässen und seiner Meinung nach wohl die Heringskönige sein möchten, die Heerführer der grossen Schwärme; während Klein (l. c.) dies mit Recht bezweifelt und ausdrücklich hinzufügt: „noster minor halece vulgari". — Die Klein'sche Beschreibung des Heringskönigs ist aber überdies so sehr mit meinen Beobachtungen in Uebereinstimmung, dass ich nicht unterlassen kann, dieselbe hier wiederzugeben. „Harengus, capite aureo, ruberrimoque colore in commissuris et ad mandibulos, splendente; dorso toto intense cyaneo, ventro argentato, ano semper cruentato ac prominulo Helensibus: Heringskönig mit feuerrothem Kopf. Non superat magnitudine iconismos; habet tamen foemina pal-

---

1) Pontoppidan — Natürl. Historie von Norwegen Bd. II. p. 272.
2) Klein Missus V. tab. XIX. p. 71.
3) Nachrichten von Island.

lidiores pinnas, caudamque cineream, mas vero pinnas caudamque aureas. Nondum descriptus". — Klein kannte also männliche und weibliche Heringskönige, so wie ich dieselben auch geliefert erhalten habe.

Unter Führung eines solchen vorwiegend roth (und zwar von der Farbe des arteriellen Blutes) gefärbten Herings steigt der Stüm von den tiefgründigen Versammlungsplätzen nach den wärmer temperirten flachen Küsten, jedoch nicht oder doch nur sehr selten bis zur unmittelbaren Grenze von Land und Meer, sondern vielmehr nur nach solchen Stellen, die entweder kiesigen Grund oder hinreichend bewachsenen Boden besitzen, um bei einer Temperatur von $+6$ bis $+7^0$ R.[1]) ihren Laich abzusetzen. Kurz nach Aufgang des Eises, wo die Tiefen höchstens $+4^0$ R. Wärme besitzen, sind die Untiefen von 8' bis 12' bald auf $+6^0$ und $+7^0$ R. erwärmt, und dies **scheint die Temperatur zu sein, bei der das Laichen der Ostseeheringe zunächst stattfindet und die Befruchtung Erfolg hat.** — **Je höher die Temperatur steigt, desto tiefer laichen die Heringe**, so dass sie zu Ende des Mai in Reusen nur bei einer Tiefe von 20' bis 24' gefangen werden können. — Im Frühjahre 1863 hatten wir seit Anfang Januar kein Eis mehr auf dem Greifswalder Bodden, demungeachtet wurden die Reusen erst zur gewohnten Zeit im März aufgestellt. Allein der Fang war denn auch so schlecht, wie nie zuvor; offenbar weil bei dem ungewöhnlich warmen Winter die Heringe in Tiefen laichen konnten, die in andern Jahren viel zu kalt gewesen sein würden, so dass sie sich desshalb von den bekannten Fangplätzen fern hielten, die bisher so reiche Erträge zu liefern pflegten. — Dass eine solche Veränderung der Laichplätze auch eine Verlegung

---

[1]) Der Director des meteorologischen Instituts der Niederlande Dr. Buys, veröffentlicht in Koner's Zeitschrift f. d. allg. Erdkunde (Neue Folge Bd. VIII. Heft 1. 1860. p. 68) auf Grund der Berichte der Heringsfischer der Nordsee die Beobachtung, dass der Fang am Meisten bei $+12^0$ bis $+14^0$ C. lohnt, so dass unter 5 Zügen nur ein Fehlzug; bei $+9^0$ bis 13^0 C. unter 2—3 Zügen; ebenso bei $+14$ bis 16^0 C. ein Fehlzug erfolge.

der stehenden Reusen zur Folge haben müsse, ist zwar behauptet worden und es ist allerdings wahr, dass in der Regel die Fische nach ihrer Erzeugungsstätte, zu der Stelle wo ihre Wiege stand, zurückkehren, um daselbst auch wieder zu laichen. — Bedenkt man aber, dass nach Quatrefages Untersuchungen[1]) die Spermatoiden nur bei einer bestimmten Temperatur zu lebenerweckender Befruchtung befähigt sind, so darf man sich doch der Hoffnung hingeben, dass wenn, wie gewöhnlich, in den nächsten Jahren der Bodden längere Zeit wieder zugefroren gewesen sein wird, die Heringe unzweifelhaft wieder nach den am frühesten erwärmten Küsten hinsteuern werden, um diejenige Temperatur zu finden, die für die Befruchtung am zuträglichsten ist, so dass demnach eine Verlegung der Fangplätze nicht nothwendig werden wird[2]).

Nach beendeter Laiche, die erwiesenermaassen nur wenige Tage andauert, während welcher der furchtsame Hering von Geräuschen aller Art, Dampfschiffen etc. verschont sein will, steigt der Stüm in die tiefern Wasser allmählich wieder hinab. Dass er aber zu dieser Thätigkeitsäusserung meilenweite Reisen machen sollte, lässt sich durchaus nicht erweisen. Wenige Meilen sind dazu vollkommen hinreichend. So langte am 10. Juni 1856 ein sehr grosser Stüm an den Reusenplätzen bei Gross-Zicker an, von dem jedoch nur ein gewisser Antheil gefangen werden konnte, aber erst am 12. Juni ward ein anderer Theil desselben Stüms mit seinen leicht erkennbaren durchweg grossen Heringen in der Having bei Alt-Reddevitz gefangen, welche sich ohngefähr in einer Meile Distanz vom ersten Fangplatze befindet. Es gehörten demnach fast zwei Tage zu dieser Reise von einer Meile. Ganz Aehnliches berichtet auch Bloch[3])

---

1) Comptes rendus 1853. N. 22. Maiheft.
2) Die Aufstellung der grossen stehenden Reusen bedarf nämlich der seepolizeilichen Erlaubniss seitens der Königl. Fischmeister, um zu verhüten, dass sie nicht an Stellen etablirt werden, wo sie die Schiffe der Handelsmarine behindern.
3) l. c. p. 165.

über die Wanderungen der von einem voranschwimmenden Leitthiere geleiteten Schnepelzüge und (l. c. p. 135) über die Wanderungen des Lachses, obschon diesem kräftigen Schwimmer, wie auch schon Bloch gegen Giesler vermuthet, zuzutrauen sein dürfte, dass er seine grossen Wanderungen in das Innere der Länder in kürzerer Zeit absolviren möchte. Ich stimme daher vollkommen Nilsson[1]) bei, welcher den Hering für einen schwachen Schwimmer ausgiebt, der eben **deshalb** keine langen Reisen vornehmen und ausführen kann.

Es ist auffallend, dass selbst noch in neueren Schriften[2]) fort und fort das durch Dott[3]) und Anderson[4]) erdichtete Mährchen von den grossen Heringszügen vom Nordpol-Eise aus, nach dem Süden, **nacherzählt und geglaubt** wird. Allerdings zieht ein grosser Theil der Vögel auf der östlichen, wie auf der westlichen Erdhälfte, alljährlich von Nord nach Süd und Süd nach Nord, aber alle diese Wandervögel sind mit einem Locomotions-Apparate versehen, dessen Leistung doch in der That nicht mit der jenes kleinen Fisches sich vergleichen lässt.

Zudem ist es durch **Valenciennes** genügend erwiesen, dass jene präsumirte nach **Westen** dirigirte Heringswanderung, d. h. also nach den amerikanischen Küsten hin, deshalb nicht angenommen werden kann, weil sich nicht erweisen lässt, dass der ächte Clupea Harengus L. an jenen Küsten vorkömmt, wohl aber steht fest, dass die dort vorkommende Species: *Clupea elongata* Lesueur ist, von der man begreiflich nicht annehmen kann, dass sie auf und während der Wanderung aus Clupea harengus L. entstanden sei. Ebenso ungereimt ist es aber anzunehmen, dass ein **Theil des östlichen Flügels jener Heringsheere**, von den Dänen und Schweden

---

1) l. c. p. 6 der Uebersetzung von Dr. Creplin in Giebel's u. Heintz's Zeitschrift für die gesammten Naturwissenschaften 1860. No. VII u. VIII.
2) Buys l. c. in der Zeitschrift für allg. Erdkunde p. 68.
3) Atlas maritimus et commercialis 1728.
4) Nachrichten von Island p. 58—78.

unbemerkt, in die Ostsee sich verlieren sollte, um schliesslich an den rügianisch-neuvorpommerschen Küsten deutschen Fischern in die Reusen zu laufen, und überdies während der Reise sich in die zahlreichen oben beschriebenen Racen umgewandelt hätte! Genug, es ist heute nicht mehr an der Zeit, das romantische Geschichtchen Anderson's, das durch Oken u. A. verbreitet worden ist, mit den Waffen einer exacten Forschung zu bekämpfen, auch wenn Dr. Buys, der Director des niederländisch-meteorol. Instituts, dasselbe noch 1860 zu vertheidigen scheint. Bloch (l. c. p. 189—190) hat, nach meinem Dafürhalten zur Genüge, mit neun numerirt aufgeführten Gründen Anderson's Phantasiebild bereits beseitigt und Nilsson stimmt Bloch vollständig bei. Leider fanden die Bloch'schen Gründe beim schwedischen und norwegischen Volke kein Gehör, und so möge sich dasselbe über die Abnahme seiner Heringsfischereien nicht wundern und ferner beklagen; wohl aber ist es zu bedauern, dass Nilsson und Bloch vergebens gewarnt haben und der Nationalwohlstand des scandinavischen Volkes so schwere Verluste erleiden musste. Dass aber auch des verständigen und umsichtigen Nilsson's Rath: die Brut und den unreifen Fisch zu schonen (l. c. p. 8 der Creplin'schen Uebersetzung sub No. 5) heute noch ohne allen Einfluss geblieben ist, habe ich im Mai 1863 zur Genüge erfahren, wo meherere hundert Tonnen Salzhering aus einem Norwegischen Hafen in Greifswald anlangten, welcher durchweg aus $6\frac{1}{2}-7''$ langen, $1-1\frac{1}{4}''$ hohen und kaum $4'''$ dicken Individuen bestand, mithin folglich einer Altersklasse angehörte, die noch nicht fähig ist, Laich abzusetzen und also im Pubertätsalter vor entwickelter Geschlechtsreife weggefangen war! — Genug, der Hering kommt nicht als Einwanderer aus der Nordsee in die Ostsee, sondern gehört ihr ursprünglich an; an ihren Küsten geboren und aufgewachsen, erhalten sich seine Stäme so lange, bis sie nicht ausgefischt oder durch grosse Naturereignisse vertrieben sind; ziehen alljährlich aus ihrem Winterlager an geeignete höher temperirte Laichplätze und kehren nach beendeter Laichzeit zu den benachbarten tiefgelegenen Stellen zurück, ohne zuvor oder nachher, ausgedehntere Wanderungen angetreten oder ausgeführt zu haben.

Ueber den Nutzen des Herings

und den Heringsfang im Allgemeinen einen voluminösen Band zu schreiben, dürfte bei der Umfänglichkeit der vorhandenen Literatur heutigen Tags mit nur geringen Schwierigkeiten verbunden sein. Allein da ich mir nur die Aufgabe gestellt habe, über den Hering der pommerschen Küsten einige weniger allgemein bekannte Thatsachen zusammen zu stellen, so muss und kann ich nur auf die grösseren Arbeiten Valenciennes und Anderer aufmerksam machen und verzichte daher auf die Ehre eines fleissigen Compilators.

Zunächst ist anzuführen, dass weder dem frischen, noch dem in irgend welcher Form präparirten pommerschen Heringe die Ovationen zu Theil werden, deren sich seine wohlbeleibtern Vettern der Nordsee (z. B. in Holland) zu erfreuen haben. Vielleicht kam seit dem Aussterben der pommerschen herzoglichen Dynastie, d. h. seit Bogislav's des XIV. Zeiten, der Küstenhering nicht mehr zu der Ehre, auf der Tafel regierender Herren zu erscheinen, obschon er, wie vormals, so auch jetzt noch, bei Reichen und Armen, Alten und Jungen in gebührendem Ansehen steht und überall gern gesehen wird, wo er erscheint. Bereitwillig öffnet man ihm wenigstens Küche und Speisekammer und setzt sich gern mit ihm zu Tisch. Hat er doch oft Monate lang mit der Kartoffel die Aufgabe zu lösen, der Familie des Fischers, des Tagelöhners, des Fabrikarbeiters u. s. w. die während der Tagsarbeiten verbrauchte Muskelsubstanz wieder zu ersetzen und zur weiteren Kraftäusserung vorwiegend das nothwendige Material zu liefern. Zur Zeit der eigentlichen Heringssaison, vom März bis Mai, durch die sogenannten Grünfahrer weit von den Küsten, bis über die Grenzen der Mark Brandenburg hinaus, verfahren, ernähren sich von dem Heringe Pommerns alltäglich viele Tausende von Menschen; so dass man ohne Uebertreibung annehmen darf, dass alljährlich mindestens 50 Millionen Heringe, theils an den Küsten selbst, theils im Innern des Landes im frischen Zustande verzehrt werden. Die Form aber, in welcher derselbe frisch verbraucht zu werden pflegt, ist verschieden. Man kocht ihn einfach in Salz und Wasser gar und geniesst ihn warm, mit Zusatz von kaltem Essig und brauner Butter, oder man giebt eine Petersilien-Sauce oder auch eine saure Zwiebelbrühe zum warmen Fisch, oder man servirt ihn gebraten wie Barsch und Hecht. Andere Formen, in denen man den zuvor dauerfähig gemachten Hering geniesst, werden weiter unten zur Sprache kommen. Dagegen dürfte es hier der geeignete Ort sein zu erwähnen, dass nicht nur der Mensch, sondern auch die Hausthiere an den reichen Heringserträgen participiren.

Schon im Jahre 1819 berichtet v. Wehrs[1]), dass zu den Zeiten der napoleonischen Herrschaft oder mit andern Worten zur Zeit der Continentalsperre, als das spanische Seesalz viel zu theuer war um Salzereien oder Räuchereien anzulegen oder zu unterhalten, überall auf den von ihm beschriebenen Territorien, wo seiner Zeit der Heringsfang in schönster Blüthe stand, sowohl die Schweine, als auch die Pferde mit frischen Heringen gefüttert wurden. „Wenn ich nicht selbst (fügt v. Wehrs hinzu) mich davon überzeugt hätte, würde ich mich scheuen so etwas nachzuerzählen." — Heute, wo der Heringsfang längs des Dars und Zingst unbedeutend ist, muss der Dorsch denselben Dienst leisten, den man, um ihn zum Futter für die Schweine längere Zeit hindurch verwenden zu können, an der Luft zu trocknen pflegt, wie ich es noch unlängst selbst gesehen; dass aber auch Pferden gedörrte Fische vorgelegt sein mögen, ist mindestens eben so glaubhaft, als dass Isländer ihren Kühen Fische reichen, wovon so einstimmige und unzweifelhafte Beweise

---

1) Der Dars und der Zingst, ein Beitrag zur Kenntniss von Neuvorpommern. Hannover 1819. 8°. p. 141.

vorliegen. — Ausser diesem Einhufer und dem genannten Vielhufer wenden sich mit Vorliebe Hund und Katze, als geborne Fleischfresser, und unter den Nagern insbesondere die Wanderratte dem gefangenen Heringe und dessen Abfällen zu, während Seeadler, Flussadler, Möven, Reiher und Cormorane sich lieber direct an den noch schwimmenden Heringsstümen betheiligen.

Nachdem man in den Fischabgängen einen werthvollen Ersatz für Peru-Guano erkannt hat, darf es nicht Wunder nehmen, wenn man sowohl die Abgänge als auch unter Umständen die ganzen Fische als Düngermaterial zur Verwendung zu bringen bestrebt gewesen ist. — Während somit der frische Hering an sich schon durch seine sehr mannichfache Anwendung den Küstenbewohnern Pommerns erheblichen Nutzen stiftet, wird er gleichzeitig auch für die Hebung und Förderung der Schifffahrt von grosser Bedeutung. Die Erziehung tüchtiger Matrosen durch den Heringsfang darf man nicht als den geringsten Gewinn des Betriebes dieses Zweiges der Seefischerei ansehen, zumal in einer Zeit, welche für Errichtung einer tüchtigen Kriegsmarine ernste und nachhaltige Sorge zu tragen Veranlassung genommen hat. Sodann aber dürfte es in Anschlag zu bringen sein, 'dass der Heringsfang einen Industriezweig voraussetzt, dessen er sich nicht entschlagen kann, nämlich

den Schiffsbau.

Freilich bedarf der pommersche Heringsfang noch keiner Dampfboote, ja noch nicht einmal grösserer Segelschiffe (Buysen), aber auch schon die Construction der kleinern und grössern Segelboote, wie sie jetzt noch üblich sind, hielt dennoch jedenfalls seit 800 Jahren den Schiffsbau in frischem Athem und machte ihn allmählich zu einer naturwüchsigen grossen Industrie. — Das Heringsboot ist unzweifelhaft die Grundlage und der Ausgangspunkt des heute so erfreulich blühenden heimathlichen Schiffsbaues gewesen, der nun freilich hauptsächlich die Handels- und Kriegsflotte in Betracht zu ziehen hat und diese zu zeitgemässer Höhe zu entwickeln und auf derselben zu erhalten bemüht sein muss; allein bei alledem kann es doch wohl kaum grossen Bedenken unterliegen, dass die Verbesserung des Schiffsbaues im Allgemeinen auch im Fischerboote der Gegenwart sich reflectirt und documentirt. — Das Heringsboot ist heute entschieden leichter lenkbar; kräftiger, ohne unbeholfene Form und überflüssige Beithat, dabei ein sicherer und guter Segler und somit unzweifelhaft vollkommener, als in der Zeit des einst hier herrschenden heidnischen Wendenthums und zu den Zeiten der Hansa. Sind nun auch die Fischer selbst beim Bau ihrer Boote nicht immer unmittelbar betheiligt, so besorgen sie sich doch späterhin die Ausrüstung und die Ausbesserung der Takelage selbst. Sie theeren ihre Boote, dichten sie, setzen sich auch wohl ein neues selbstgefertigtes Ruder ein, bearbeiten ihre Ruderstangen (Rehme), repariren ihr Segel- und Tauwerk, construiren sich Anker aus Holz und Steinen u. s. w. und werden dadurch auf das Genaueste mit dem Schiffswesen vertraut; auch lernen sie schon im frühesten Kindesalter Ruder und Steuer führen, Windrichtung und Meeresströme kennen und verwachsen somit auf das Innigste mit dem Wasserleben. Aber wie auch der Fortschritt auf diesem Gebiete der Industrie sich Bahn gebrochen hat, noch ist derselbe weit entfernt, überall und nach allen Seiten hin zur Geltung gekommen zu sein; das ganze System des Heringsfangs mit Allem, was sich daran schliesst, bedarf noch zu sehr der Leuchte der rationellen Gewerbskunde unserer Zeit. Viel Mittelalterliches, viel Althergebrachtes und eben deshalb auch schwer Ausrottbares umlagert noch diesen Zweig der Industrie. So z. B. kennt man ausser den Laichplätzen an den Küsten selbst, die etwa im freien Meere Vorhandenen, einfach deshalb nicht, weil man sich mit dem offenen Boote nicht allzuweit von der Küste hinwegwagen darf, ohne sich den grössten Lebensgefahren Preis zu geben. Aber zur Ergründung derartiger neuer Fangplätze, die unzweifelhaft bestehen, fehlt es an geeigneten Fahrzeugen, die auch die Association der Fischer noch nicht zu erübrigen und herbeizuführen vermochte, weil dieselben aus nahe liegenden Gründen angewiesen sind, sich auf die zum Lebensunterhalte nothwendigen, erfahrungsmässig aber doch einigermassen sichern Erträge zu stützen, auch wenn diese einmal nachlassen.

Ein anderer mit dem Heringsfange in unzertrennlicher Verbindung stehender Industriezweig, der jedoch mehr oder weniger ganz in den Bereich der Thätigkeit der Fischer selbst fällt, ist die

Netzfabrication,

welche hier passend mit dem Heringsfange zu besprechen sein dürfte.

Zum Fange des Herings auf seiner kleinen Wanderung von der Winterstation und seinen Futterplätzen zur Laichstelle an der benachbarten Küste, bedarf man grosser Netzwände, die von der Wasseroberfläche 16—20' tief in das Seewasser hinab, so wie ohngefähr unsere Tüll-Gardinen vor den Fenstern herabhängen. Diese Art Netze „Mansen" auch „Manschen" genannt, sind aus selbstgesponnenen feinen Flachsfäden construirt, besitzen Maschen von gesetzlich vorgeschriebener Grösse (26 bis 30 Knoten d. h. Maschen gehen auf 1 Elle Netz), sind getheert oder gelohet und werden durch Flotthölzer an der Luft- und Wassergrenze suspendirt erhalten, während Steine längs des untern Netzrandes die hohe Netzwand straff halten. Um die am Abend ausgelegten „Mansen" andern Morgens wieder finden zu können, sind sie mit kleinen Signalfähnchen bezeichnet und Nachts über vor Anker gelegt. Die mit diesen im freien tiefen Seewasser suspendirten Netzen gefangenen Heringe werden „Netzenheringe" genannt und theurer bezahlt als andere Heringe; nicht sowohl der grössern Mühe und Gefahr willen, durch welche man sie erzielte, sondern weil die mit den Mansen gefangenen Heringe grösser sind und gleichmässiger ausfallen, als die mit andern Fangapparaten Erzielten. Die gesetzlich vorgeschriebene und durch die Königl. Fischmeister controlirte Maschenweite der Mansen gestattet den kleineren Fischen den ungehinderten Durchgang, hält aber die grössern zurück, die, nachdem sie durch die Masche zu dringen sich angestrengt haben, ihrer Kiemen wegen, nicht wieder zurück können und sich somit gleichsam erhängen, obschon sie sich doch nicht im eigentlichsten Sinne des Wortes durch Strangulation tödten.

Derartige Netzwände sind auch beim Heringsfange der Nordsee üblich und unzweifelhaft sehr alt, werden aber dort nicht mehr aus Flachsgarn angefertigt, sondern grossentheils schon aus Seide, einem haltbareren Stoffe und dann wahrscheinlich auch nicht mehr, wie es von den Fischern Neuvorpommerns noch geschieht, selbst angefertigt.

Ein anderer Fangapparat, der seit langen Zeiten an den Küsten der Nordsee ebenfalls zur Anwendung kommt, ist das hier mit dem Namen „die Waade" belegte Ziehgarn. Sobald die Stüme sich den Küsten nähern, sucht man Sorge zu tragen, den möglichst grössten Theil des Zuges zu acquiriren. Man umzäunt den der Küste zusteuernden Stüm mit einem sackartig construirten, mit seitlichen Flügeln versehenen grossen Netze, zieht an beiden Flügeln dasselbe ans Land und sammelt das Ergebniss des Fisch-Zuges an dem Ufer selbst ein. Die Maschenweite der „Waade" unterliegt ebenfalls der gesetzlichen Controlle, doch sind die Maschen kleiner und daher der mit diesem Apparate gefangene Hering nicht so ausgeglichen und gleichmässig gross, weil man auch nothwendigerweise kleinere Fische mit fangen muss. Die Netzmaterialien zur Waade sind dieselben wie bei der „Manse", auch die Herrichtung gleicht sich vollkommen. Das Lohen (Gerben mit einem Eichenrinden-Aufgusse) und Theeren der Netze ist zwar noch nicht allgemein üblich und auch eines lohnendern Fanges wegen, nicht immer nöthig, jedoch conserviren sich die flächsernen Netze besser, wenn sie also behandelt sind, während ausserdem die Mansen dunkelgefärbt sein müssen, wenn anders die Heringe hindurch zu dringen veranlasst werden sollen.

Ein dritter aus flachsenen Garnen construirter Apparat, vorzüglich beim Fange in dem — vom pommerschen Festlande, Fischlande, Dars und Zingst eingeschlossenen — Complexe von Brackwassern (Saaler-Barther Bodden etc.) angewandt, ist eine Bügelreuse mit zwei seitlichen Flügeln, welche den von vorn andringenden Hering nach der trichterförmigen Eingangsöffnung eines langgezogenen durch Tonnenbänder (Reifstöcke) straff ausgespannten Netzsackes führen. Im Innern der Reuse befinden sich ein oder zwei kleinere Trichter, durch die hindurch der eingetretene Hering nach der am Ende der Reuse sich zuspitzenden Todtenkammer geleitet und durch Oeffnen dieses nur zugebundenen Behältnisses herausgenommen wird. — Früher scheint dieser Apparat auch auf dem Aussenstrande und zwar in grösseren Dimensionen aufgestellt gewesen zu sein, wenigstens spricht v. Wehrs[1]) von einer Seehundsreuse, die man zur Beseitigung des Erbfeindes des Herings aufgestellt habe. Jetzt ist der Aussenstrand vom Dars und Zingst zu wenig ergiebig, als dass die Aufstellung derartiger Reusen grosse Erträge zu liefern vermöchte.

Ein vierter Apparat, dessen Anwendung jedoch ausschliesslich nur an Pommerns Küsten stattfinden dürfte, ist die grosse Heringsreuse. Leider ist es aller Nachforschung ungeachtet, mir nicht geglückt, den Erfinder dieser sinnreichen Fangvorrichtung ausfindig zu machen, obschon die Erfindung in den Anfang (2tes Decennium?) dieses Jahrhunderts fallen dürfte. Nach Mönchgut, wo die grosse Reuse ihre hauptsächlichste Vertretung findet, soll die Construction von Wittow aus, durch einen Fischer gekommen sein; allein Erkundigungen in Wittow ergaben leider keine weiteren Aufschlüsse. Die grosse Reuse ist ein riesiger Netzapparat zu dessen Aufstellung und Erhaltung ein Kapital von mindestens 200 Thlr. erforderlich ist. Deshalb associiren sich die Fischer; — 6 auch 12 Fischer (d. h. Büdner oder Bauern) je nach den Vermögensverhältnissen, bilden eine Compagnie. — Jeder zahlt einen gleichen Beitrag an Geld und leistet Hülfe und Arbeit bei der Herstellung des Apparates nach gleichen Theilen; erhält dafür aber auch

---

1) Der Dars und der Zingst. l. c. p. 144.

nach beendeter Campagne seinen gleichen Antheil[1]). Die Reuse selbst aber besteht aus zwei Haupttheilen und zwar a) dem Wehr und b) dem Netzkasten. Das Wehr ist eigentlich eine geradlinig aufgestellte Manse, die nur durch Pfähle befestigt ist, während die gewöhnliche Manse durch Flotthölzer und Steine in aufrechter Stellung erhalten wird. Dieses Wehr, aus starken Fäden zum Netz gestrickt, hat eine Länge von 500 bis 800 Fuss und eine Höhe von 16 bis 20 Fuss, wird stark getheert, damit es den längern Aufenthalt im Seewasser vertragen kann und ist von der See aus auf das Ufer im rechten Winkel aufgesetzt. Niemals pflegt man das dem Lande zugewandte Ende des Wehrs unmittelbar an die Land- und Wassergrenze selbst zu bringen, sondern es bleibt, je nach Beschaffenheit der Küste, mehrere hundert Fuss davon fern. Das am meisten in See hinaus stehende Ende des (durch eingerammte entsprechend lange Pfähle) senkrecht aufgestellten Wehrs befindet sich dicht vor dem Netzkasten, ohne jedoch mit ihm in unmittelbarer Verbindung zu stehen. Der Netzkasten ist, so wie das

---

1) In diesen Associationen geht es so reell zu, dass es auf Mönchgut desshalb wohl noch niemals zu Rechtsstreitigkeiten gekommen ist. Der Theilhaber, den die Reihe zur Abfuhr des gewonnenen Guts trifft, geht mit seinem schwerbeladenen Boote ab und bringt genau so viel Geld zurück, als er nur irgend wie verdienen konnte, jedoch — in baarer klingender Münze, — weil sich die während der Heimfahrt möglicherweise eintretenden Regen und Seenebel mit dem in den Westentaschen transportirten Papiergelde schlecht vertragen würden. — Man ist dabei von allem Misstrauen so fern, dass man jedem Theilhaber an der Association jede beliebige Summe mit vollstem Vertrauen Tage lang überlässt; wie es denn überhaupt kaum wohl einmal vorgekommen ist, dass ein Mönchguter Heringsfischer seinen Landsmann belogen, geschweige denn betrogen hätte. Noch leiht man sich dort gegenseitig Geld und oft erhebliche Summen ohne schriftlichen Pfandschein und ohne Zinsen. Das Wort des Mannes genügt, und ein Treubruch würde unwiderruflich zur allgemeinen Verachtung führen; für einen Mönchguter Fischer eine Schande ohne Gleichen, denn ihm bliebe nichts als der Tod, oder was ihm gleichbedeutend ist, die Auswanderung von seiner geliebten Heimath.

Wehr, völlig unterm Wasserspiegel und je nach der Tiefe, in welcher er sich befindet, 20 bis 24 Fuss hoch; oben an der Luftgrenze unbedeckt, auf dem Boden und an den seitlichen Wänden aber aus starken zum Netz verarbeiteten Fäden construirt, wie das Wehr und ebenso mittelst eingerammter entsprechend langer Pfähle ringsherum befestigt, und wird ausserdem durch seitlich an Stricken angebrachte Anker (aus rückwärts umgebogenen einen grossen Stein einschliessenden Holzstäben) festgehalten. Auch das am meisten in See hinausragende Ende des Netzkastens ist in ähnlicher Weise befestigt. Zieht man drei gleichlange Linien von circa 24' bis 30' Länge einander parallel so, dass die mittelste der Linien circa 6' bis 8' die beiden äusseren Parallelen überragt, und verbindet die Endpunkte der drei Linien durch gerade Linien, so erhält man die allgemeine Form des Netzkastens. Das See-Ende des Wehrs steht dicht vor der vorgeschobenen mittelsten Parallellinie, da, wo eine hohe Spalte in das Innere des schiefrhombischen Kastens führt. Rechts und links von den Endpunkten der Linien des nach dem Lande zugewandten Winkels, in welchem die Eingangsspalte sich befindet, gehen in geknickter Form hergerichtete Flügel ab, von der Höhe der Reuse und des Wehrs, ebenfalls aus Netzmaterial, welche den vordern Eingang in die Kastenspalte erleichtern, aber den Austritt hindern sollen. — Streicht nun ein Heringszug aus der Tiefe heraufkommend, oder von ungünstigen Winden vertrieben, längs der Küste, so trifft er zuerst auf das grosse Wehr, findet dadurch sich behindert und zieht nun demselben entlang, nach dem Netzkasten zu; der seitliche Flügel des Netzkastens ist ihm ebenfalls ein Hinderniss und deshalb geht der Hering nach der Eingangsspalte zu, passirt sie und gelangt somit in das Innere des Kastens. Ist nur erst ein Theil des Stüms passirt, so folgt der andere Theil ihm sicher nach und mit ihm alle Begleiter und Verfolger; so wie es auch vom Thunfische bekannt ist. Deshalb finden sich denn auch im Innern des Netzkastens Fische und Säugethiere diverser Art; Flundern, Hechte, Barse, Kaulbarse, Rothaugen, Plötzen, Dorsche, Störe, Lachse,

Phocaenen, ja wohl auch Seehunde, obschon diese letzteren meist zu klug sind, um durch die Spalte in das Gefängniss einzutreten. Gleichviel ob sich nun während des Abends und der Nacht ein oder einige Stüme gefangen haben oder nicht, andern Morgens fahren jedenfalls vier Boote mit je 2 Mann Besatzung nach der Reuse; heben erst den vordern Theil derselben, indem zwei Boote sich einander vis à vis, rechts und links am Vordertheile der Reuse aufstellen, mittelst starker unter der Reuse herum gehender Taue empor und treiben so alle in dieser Abtheilung befindlichen Fische nach der hintern Abtheilung; alsdann wird der mittlere Theil gehoben und der vordere Theil herabgelassen und nachdem der lebende Inhalt derselben langsam in die hintere Abtheilung gedrängt ist, wird auch diese langsam erhoben und nun von der gesammten Mannschaft mittelst Handkescher (kleine gestielte Sacknetze) herausgenommen, was herausgenommen werden kann um in die Boote geworfen zu werden. Ist der Inhalt der Reuse ganz geleert, dann wird das gehobene Hintertheil derselben (die Todtenkammer), wieder hinabgelassen, befestigt und die beladenen Boote kehren mit ihrer im vollsten Aufruhre befindlichen Ladung nach dem Landungsplatze zurück. Dort harrt der rückkehrenden Männer der weibliche Antheil der Fischergesellschaft und deren fröhliche Jugend. Der eine Theil hält Netzsäcke ausgespannt, der andere Theil beginnt die Fische zu sichten, die noch immer springend sich in den inzwischen ans Land gezogenen Booten befinden, sie zu Wallen abzuzählen und in die Netzsäcke hineinzugeben; während die schweigende Boots-Mannschaft sich ausruht und die Boote sorgsam reinigt, nachdem ihr Inhalt ausgeleert ist. Sobald der Fang zu Ende, hat sich indessen ein anderer Theil der Compagnie fertig gemacht, um mit dem „grossen Boote", das man inzwischen mit den vollen Netzsäcken beladen hat, nach den Heringsmärkten: Greifswald, Stralsund oder Cröslin abzugehen, wo, namentlich in Greifswald, der Absatz unter allen Umständen gesichert ist; theils wegen der grossen Zahl von Grünfahrern, die mit Wagen und Karren sehnsüchtig der anlangenden Boote harren, theils wegen der nicht minder grossen Zahl von Heringshändlern, die meist aus dem Innern Mitteldeutschlands kommend, vom Februar bis Juni, des Bücklingsgeschäftes wegen, daselbst ihren constanten Aufenthalt genommen haben, oder auch hierorts wohl selbst ansässig sind.

An dem sonst menschenleeren Bollwerke, am östlichen Ende der Stadt Greifswald entwickelt sich dann, besonders während der Monate März, April und Mai ein Leben und Treiben, wie man es sonst nur auf Jahrmärkten zu sehen gewohnt ist. Die zuweilen zahlreich versammelten Heringsboote längs des Ufers; die Räucherhäuser und Salzereien, deren jetzt 8 neben einander stehen, mit ihren dampfenden Dächern und fröhlichen Arbeiterinnen im Innern, die Hundekarren, so wie die mit Pferden bespannten Wagen zwischen den Häusern und Booten, das Herumtragen der zahlreichen Netzsäcke, das Bieten und Handeln seitens der Käufer und Verkäufer, die zum „Kehlen" der Heringe auf grünem Rasen lagernden Knaben und Mädchen, dazwischen auch die grosse Zahl der herbeigelockten Spaziergänger, das Alles entwickelt ein ebenso buntes als markiges Leben und bringt Capitalien in Umsatz, die während der Heringssaison oft zu erheblichen Summen heranwachsen. Denn wie die Heringsfischer, so sind auch meistentheils die in schlichter Blouse erscheinenden Bücklingshändler Thüringens und Sachsens associirt. Die Compagnien unterhalten meistens vier Viergespanne, die fortwährend zwischen Greifswald und Altenburg (dem Vororte des Bücklingshandels) cursiren und derentwillen der galvanische Strom der Telegraphenlinie gar oft in Thätigkeit versetzt wird, um die nöthigen Winke zu geben; denn bei diesen Geschäften stehen oft Tausende von Thalern auf dem Spiele; in klingender Münze muss Alles baar bezahlt werden, und von keiner Seite wird Kredit gegeben, noch auch verlangt.

Dadurch aber wird dem Heringsfischer sein Gewerbe gesichert, der Besitzer des Räucherhauses findet dabei seine Rechnung und der Bücklingshändler erübrigt durch den Verkauf seiner Waare an die Kleinhändler des Inlandes das nöthige Betriebscapital zu erneuter Unternehmung. — Wenige Monate derartigen raschen Umsatzes fördern somit die Interessen vieler Tausende von Menschen.

Sind die Küchen aller Räuchereien besetzt und die Grünfahrer haben ihren Bedarf gedeckt, dann wandert der Rest der angefahrenen Heringe in die Salzereien, die eigentlich mehr als ein Nebengeschäft neben der Bücklingsräucherei bestehen. Selten noch wird in „Witten" gesalzen, und dort auch nur wenn der Greifswalder Markt überführt ist oder der Fang nicht mehr hinreichend lohnt um eine volle Ladung abzusenden. — Denn die Preise für das „Wall" (diese kaufmännische Einheit zu je 80 Stück) Hering sind ausserordentlichen Schwankungen unterworfen. Während das Wall im Februar oft mit 1½ und 1 Thlr. bezahlt wird, wird es zu Ende April oder im Mai bei starker täglicher Zufuhr und mangelnder Nachfrage wohl auch einmal mit 1 Sgr. bezahlt.

Veranlassten die gegen die Küsten andrängenden Heringsstüme eine dem ländlichen Stillleben ergebene Küstenbevölkerung, Pflug und Egge zeitweilig zu verlassen, um ihr dafür das Steuer und das Segeltau in die Hand zu geben, damit sie statt der dauernden Furchen auf ihren Ländereien rasch verschwindende Furchen in das Meer ziehe, weckten die Stüme frisches fröhliches Leben an jenen einsamen stillen Küsten, wo sonst nur die Seeschwalbe ächzend ihr „Kriäh" ertönen lässt und ein leises Plätschern der aufschlagenden Welle ab und zu mit dem donnernden Getöse der sturmgepeitschten schäumenden Salzfluth wechselt, so sind es abermals die nunmehr unter die Botmässigkeit und in das Eigenthum der Menschen übergegangenen Heringe, die fern von ihren dermaleinstigen tiefen und dunkeln Weideplätzen selbst in ihrem Tode noch, den Scharfsinn und den betriebsamen Fleiss der continentalen Bevölkerung in Anspruch nehmen, zur Rührigkeit während Tag und Nacht anspornen und Industrieen fördern, die auch wohl einer historischen Begründung werth sein dürften; ich meine die Industriezweige, welche sich die Aufgabe gestellt haben, den Hering, soweit er nicht kurz nach eben erloschenem Leben als Nahrungsmittel verwandt werden kann, in einen Zustand zu versetzen, dass er der sonst unvermeidlichen baldigen Fäulniss entzogen, genussfähig bleibt und zu geeigneter Zeit genossen werden kann. Derartiger

Industriezweige

aber sind zur Zeit **drei** namhaft zu machen, und zwar: 1) die Herstellung des **marinirten Bratherings**, 2) die Herstellung des **Bücklings** und 3) die Herstellung des **Salzherings**, während die Conservirung der Heringe nach **Morel-Fatio** und **Verdeil's** Methode[1] noch nicht für den pommerschen Küstenhering in Anwendung gebracht worden ist.

a) **Die Herstellung marinirter Bratheringe**

ist der jüngste der genannten Industriezweige, zugleich aber auch der am wenigsten entwickelte; indessen kann doch schon jetzt behauptet werden, dass ganze Ladungen **marinirter Bratheringe** nach dem Innern Deutschlands und auch schon manche Sendung nach dem Auslande gemacht worden ist, so dass es den Anschein nimmt, als ob diese Conservirungsmethode sich einer steigenden Beliebtheit zu erfreuen habe. Der frisch gefangene Hering wird, nachdem er rein gewaschen und schwach gesalzen worden war, abgetrocknet, mit sehr feinem Weizenmehl allseitig bedeckt und in Butter braun gebraten. Gehörig abgekühlt und schichtenweise mit diversen Würzen (Lorbeerblättern, Pfeffer, Piment und Citronenscheiben) in verschieden grosse hölzerne Tönnchen eingepackt, wird der Brathering soweit mit kaltem Essig übergossen, damit er nach erfolgtem dichten Verschluss der Tönnchen sich constant unterm Niveau desselben befindet. Die Herstellung dieser Delicatesswaare ist, wie selbstverständlich, zwar meist Sache geübter Frauenhände, allein in Folge

---

[1] Dingler's polytechn. Journal 1855. Bd. 137 p. 300.

der theuren Zuthaten und der darauf verwandten Mühe und Zeit, so wie der Grösse der Tönnchen und je nach dem Einkaufspreise des frischen (und besten) Netzenherings, kann der Preis nicht unter 20 Sgr. betragen, während für die grösseren Tönnchen gern 2 Thlr. bewilligt werden.

b) Die Heringsräucherei, oder die Herstellung des Bücklings, sowie c) die Heringssalzerei oder die Herstellung des Salzherings

ist in Pommern fast ebenso lange bekannt, wie an den Küsten der Nordsee. Valenciennes berichtet (l. c. p. 184) dass die Stiftungsurkunden mehrerer englischen Klöster des 11ten und 12ten Jahrhunderts, z. B. des Klosters Berking, Bestimmungen enthielten, aus denen hervorgeht, dass daselbst bereits Hering gesalzen und geräuchert worden sei, so wie dass Yarmouth, welches von Heinrich I. 1128 einen Magistrat erhielt, aus Fischerhütten entstanden sei, welche von englischen, französischen und niederländischen Fischern bei Gelegenheit ihrer alljährlichen Heringsfischereien und Salzereien errichtet wären.

Lässt sich nun auch bei dem Dunkel, welches die Geschichte Rügens vor der Ankunft des Bischofs Otto von Bamberg umhüllt (die Wenden und Slaven pflegten keine Chroniken zu schreiben), kaum durch sichergestellte Jahreszahlen angeben, in welchen Jahren man bereits Hering in Pommern gefangen, gesalzen und geräuchert habe, so steht doch erwiesenermaassen fest, dass ein deutscher Priester aus Bardowyk[1], der Begleiter des Bischofs Otto (welcher vom polnischen Könige Boleslaw III. zur Bekehrung der Wenden nach deren Stammsitzen ausgesandt ward) innerhalb der Jahre 1124—1128, die von den heidnischen Wenden bewohnte Insel Rügen zur Zeit des grossen Heringsfangs in Gesellschaft von Kaufleuten besuchte, während Bischof Otto selbst im Jahre 1128 bei seiner zweiten Reise nach dem Lande der Rugier,

---

1) Fock, Rügensch-Pommersche Geschichten I. p. 87.

Liutizen u. s. w. in der Gegend zwischen Halberstadt und Demmin von einem einsam an einem Seeufer wohnenden Manne, welcher sich hierher geflüchtet hatte, um Salz gebeten wurde: zum **Einsalzen seiner Fische**[1]), der einzigen Nahrung, die er seit 7 Jahren zu sich genommen. — Da es auch anderweit erwiesen ist, dass schon im 12ten Jahrhunderte deutsche[2]) und nordische Kaufleute[3]) sich an den Rügenschen Küsten zum Einkauf von Hering einfanden, die Kunst des Einsalzens aber auch bereits allgemeiner bekannt war, so darf man wohl erwarten, dass die fremden Käufer, nicht sowohl die Abfuhr des frischen, als vielmehr des zuvor **gesalzenen Herings** beabsichtigten; denn gegen eine Abgabe an den Tempel des Swantowit auf Arkona erhielten sie das Recht sich am Fischfange der Rugier zu betheiligen, event. die gefangenen Fische aufzukaufen.

Der Rügenfürst Wizlav befiehlt ferner in einer von **Dreier** (Specim. circa inhumanum ius naufragii p. 190) erhaltenen Urkunde den fremden Kauflenten und Fischern Einiges, was sich auf das **Einsalzen** der an den Rügenschen Küsten gefangenen Fische bezieht. Sodann bestätigt im Jahre 1270 Herzog Barnim I. dem Kloster **Bolbuck** in Hinterpommern den Kauf des Sees und Flusses Rega; nimmt jedoch die Zahlungen von 2 Denaren an einen gewissen Bispravus (miles Bispravus) aus, die dort von den Wirthen für die Last **eingesalzener Heringe** entrichtet werden mussten[4]) (duobus solidis denariorum de Lastone *allec*, quod ab hospitibus ibidem *sale conditum* fuerit).

In der von Prof. Joh. Gottf. Ludw. **Kosegarten**

---

1) Andreae de vita Ottonis C. IV. ed. Valer. Jaschii. Colbergae 1861. 4°. p. 172.

2) Nach einer Mittheilung des Dr. Pallmann soll sich schon bei Ditmar von Merseburg aus dem 11. Jahrhunderte eine Erwähnung des pommerschen Heringshandels nach dem Inlande finden.

3) Fock l. c. p. 14.

4) Dreger Cod. diplom. im ungedruckten Tom. II. No. 450. (cf. Selle Versuch einer Geschichte des Pomm. Handels. Stettin 1796. 4°. p. 22 Note 3.)

im Jahre 1833 publicirten Jubelschrift[1]) zur 600jährigen Stiftungsfestfeier der Stadt Greifswald, veröffentlichte der gelehrte Geschichtskenner seiner Heimath, die von ihm im Stadt-Archive Greifswald's entdeckte Handschrift einer Zollrolle aus dem Jahre 1270, welche (l. c. p. 11 und 12) folgende Bestimmungen enthält:

l. c. p. 11. „Primo: Quicunque vult deducere *allec* dabit pro lasta allecis II solidos. Item pro curru dantur IIII denarii. Item pro karruca II denarii."

„Item plaustrum sicci allecis, videlicet *spichering* VI den. et similiter recentis allecis VI den."

„Item si aliquis danus, Normannus, seu eis similis vult abducere *allec* dabit II sol. pro lasta."

l. c. p. 12. „Item quicunque deducit vinum vel *allec*, non conputabit theoloneum nec dabit pro gravibus rebus quas *swarlast* vocamus, sicut de illis praescriptum est; sed dabit pro ipsis vino et *allece* ut dictum est theoloneum speciale."

In dieser interessanten und für unsere Frage sehr schwer wiegenden Urkunde ist der Gegensatz von frischem Hering (allec recens), dem einfachen *allec* gegenüber wohl nicht anders zu verstehen, als dass mit dem letztern gemeint sein soll: gesalzener Hering, indem doch nur dieser von den Hansa-Kaufleuten exportirt werden konnte. Nicht minder wesentlich ist die Anführung des Spickherings d. h. des Bücklings unserer Tage. Kosegarten erläutert (l. c. p. 12) in der Note zwar das Wort *spic* durch *spec* d. h. lardum (lardo simile), allein ich glaube doch dem leider nicht mehr unter uns weilenden grossen Sprachkenner gegenüber, die Ansicht aussprechen zu dürfen, dass das mit hering combinirte Wort *spic* in diesem Falle nicht wohl „Fetthering" bedeutet, sondern dass darunter wegen des erklärenden Zusatzes: „sicci allecis" Bückling zu verstehen sein dürfte. Noch heute bedeutet nach Heyse (Wörterbuch der deutschen Sprache p. 981) das schwedische Verbum „spicka":

---

[1] De Gryphisvaldia Hansae Teutonicorum socia. Gryphisv. 1833. 4°.

räuchern und nach Holmboe (Det norske sprogs vecsentligste Ortforred Wien 1852. 4⁰. p. 318) bedeutet das altnordische Verbum „*speikja*" so viel als das dänische „spege" d. h. salzen und räuchern (ved Saltning og Törring). In den noch gebräuchlichen Zusammensetzungen Spickaal, Spickflunder etc. ist dasselbe Wort „*spic*" erhalten und bezeichnet dort genau denselben Zustand wohlbekannter Fische, wie er uns im Bückling entgegentritt. Ich übersetze daher *spichering* der Greifswalder Zollrolle unbedenklich durch „Bückling" und trage kein Bedenken, dass, so wie schon im 12ten Jahrhundert die Heringsräucherei an englischen Küsten, dieselbe Conservirungs-Methode im 13ten Jahrhunderte auch in Greifswald schon bekannt war und ausgeführt wurde.

Aus diesen historisch-sichergestellten Thatsachen erhellt, wenn anders es noch des Beweises bedürfte, zur Genüge, dass in dem oft genannten Jahre 1416 die Heringssalzerei nicht erst erfunden und mithin auch Wilhelm Beukels oder Beukelsen (auch Johann Beukelem, Beukelszoon, Bukfeld, Belkinson, Bökel und Bukelt, ja sogar William Biervliet genannt) unmöglich der Erfinder dieser Kunst sein kann, wenn ihm auch zu Biervliet in Flandern (seinem angeblichen Geburtsorte[1]), nach seinem 1397 (alias 1449, alias 1474) erfolgten Tode von den Holländern ein Denkmal errichtet wurde und an dessen Grabe Kaiser Carl V. 1536, in Gesellschaft seiner Schwester Maria, Königin von Ungarn, einen Hering verspeist haben soll.

Möglich und wahrscheinlich ist es freilich, dass die etwas mythische Person des Beukelsen eine Verbesserung in der Verpackung des Salzherings angegeben haben mag, und somit für den Ruf des holländischen Fisches

---

1) Bloch (l. c. p. 187) führt in der Note an: „Andere wollen, er sei ein schottländischer Fischer gewesen, der aus Missvergnügen über sein Vaterland, dasselbe verlassen und die Flanderer das Geheimniss des Einsalzens der Heringe und selbige einzupacken gelehrt hätte."

wesentlich wirkte, aber es ist notorisch unrichtig, diesen Mann, dessen Name so vielfach anders angegeben, dessen Heimathsberechtigung den Holländern obenein von den Schotten abgesprochen wird, dessen Todesjahr endlich den grösstmöglichsten Varianten unterliegt, diesen Mann für den Erfinder der Heringssalzerei auszugeben! — Ebenso geringe historische Berechtigung hat aber die Angabe, dass derselbe Beukels, wie es von Fr. Sam. Bock¹) behauptet worden ist, die Bücklingsfabrikation erfunden habe und daher auch der Name Bückling von dem Erfinder Wilhelm Beukel abzuleiten sei. — Bock setzt freilich hinzu, dass man auch Peckling oder Peckelhering schreibe, welches vom Peckel (Salzlaache) abzuleiten sei, in welchem die Fische vorher liegen müssten. — Durch die Greifswalder Zollrolle von 1270 (die jedenfalls doch nicht nach 1275 geschrieben wurde) wird diese Annahme jedoch ein für allemal unmöglich gemacht. Der noch heute im Reg. Bez. Stralsund übliche Name „Spickhering" ist noch nicht ganz durch den offenbar holländischen Namen „Bückling" verdrängt worden und beweist zur Genüge das hohe Alter eines Productes der naturwüchsigsten pommerschen Industrie, die seit ihrem ersten Auftauchen in der Greifswalder Zollrolle, so wie die ihr gleich alte Salzerei, sich in allen folgenden Jahrhunderten mit Sicherheit historisch nachweisen liesse, wenn anders es einer ausführlichern Nachweisung und Begründung bedürfte.

Schon im Jahre 1276 erhielt nach O. Fock²) auf dem damals zu Dänemark gehörenden Schonen (wo seiner Zeit zu Falsterbo und Skanoer die Heringsfischerei in grossem Flor war, so dass die Kaufleute der Hansestädte Lübeck, Wismar, Rostock sich behufs des Heringssalzes dort einfanden), Stralsund seine eigene Vitte (Heringspackerei) und darauf 1280 auch Greifswald und zwar für ewige Zeiten. Die Vitte der letzteren lag

---

1) Versuch einer vollst. Natur- und Handlungsgeschichte der Heringe. Kgsbg. 1769. p. 71 Note 9.
2) l. c. Heft II. p. 166 und 167.

in Falsterbo zwischen dem Kirchhofe der Deutschen, dem Meeresufer und der Stralsunder Vitte. Die nach S c h o - n e n, der südlichsten Provinz Schwedens dirigirten Fahrten, zu welcher die Pommerschen Salzer einen so ungehinderten Zutritt und zahlreiche Geleitsbriefe vom dänischen Könige erhielten, hatten zur Folge, dass bei dem damaligen Associationsgeiste der handeltreibenden Küstenstädte neben der Hansa unter Lübeck's Vorsitze, auch die Kaufleute eines und desselben Ortes sich zu gemeinsamem Schutz verbanden und Compagnien errichteten, die, wie einst in Hamburg, so nominell auch heute noch in G r e i f s - w a l d als „S c h o n e n f a h r e r - C o m p a g n i e" besteht, freilich mit andern Tendenzen aber durch die 3 Heringe im Siegel der Gesellschaft zur Genüge auf ihren Ursprung hinweisend[1]).

---

1) Das Siegel und die Acten der zur Zeit noch bestehenden Schonenfahrer-Compagnie Greifswalds befindet sich gegenwärtig in den Händen des Vorsitzenden der Gesellschaft, nämlich des Herrn Senators G r ä d e n e r, dem ich die Ansicht des Petschafts und der Acten verdankte.

Dass man im 13ten Jahrhunderte lieber die damals gefahrvolle Seereise nach Schonen unternahm, um Heringe zu salzen, die man an der heimischen Küste doch zureichend besass*), könnte zu dem auch in der That gezogenen Schlusse berechtigen, dass der Rügensche Heringsreichthum plötzlich zu Ende gegangen und der Fisch nach Schonen sich gewandt habe. Als Gegenstück hiezu berichtet freilich v. W e h r s (l. c. p. 141) dass zur Zeit der franz. Herrschaft unter Napoleon sich Hering in grosser Fülle an der pommerschen Küste eingefunden habe, während er sich an den schwedischen und englischen Gestaden v e r m i n d e r t habe; Angaben, aus denen man auf g r o s s e W a n d e r u n g e n der Heringe schliessen müsste! Allein da wir oben gesehen, dass Heringe zu grossen Wanderungen gar nicht befähigt sind und sie in Wahrheit auch gar nicht machen, so muss jener öfters wiederkehrende Schluss, der sich jedoch auf irrthümlich ausgelegte oder falsche historische Angaben stützt, als

*) So musste nach S e l l's (l. c. p. 7) Berichten der Flotte Waldemars I. von Dänemark, als sie unter Führung des Bischofs Absalon nach der Einnahme Stettins an den Rügenschen Küsten vor Anker lag, so viel Hering täglich geliefert werden, als die Mannschaft bedurfte! cf. S a x o Grammaticus Hist. Dan. lib. XIV. ed. Steph. p. 338 et 339.

Liess sich, wie wir eben sahen, die Kunst des Einsalzens des Herings bereits für das 12te und 13te Jahr-

---

unrichtig von der Hand gewiesen werden. Allerdings wechseln Zeiten grosser Heringserträge mit Zeiten sehr geringer Erträge, ja es sind Fälle vorgekommen, dass die Heringsproduction zeitweilig ganz nachgelassen hat. Nach Bock (l. c. p. 42), der sich auf Hartknoch (Alt und Neupreussen p. 206) stützt, sollen 1313 die Heringe von der preussischen Küste verschwunden sein und sich nach Schonen übergesiedelt haben. Aber die Originalquelle (Düsburg's Ordenschronik) sagt nur, dass man in diesem Jahre an Heringen, welche von undenklichen Zeiten her, in Preussenland so überflüssig gewesen sind, einen Mangel gehabt habe. Diese auffallenderweise mit dem angeblichen Verschwinden des Herings an den Rügenschen Küsten und dem Hervortreten desselben an den süd-schwedischen Küsten zusammentreffende Angabe liesse eine weithin wirkende Ursache voraussetzen und in der That setzt eine alte Angabe praeter propter das Jahr 1309 fest, wo die Halbinsel Mönchgut vom Ruden durch eine grosse Sturmfluth getrennt worden sein soll. Wäre nun eine solche Katastrophe genau historisch nachzuweisen, so könnte man auch gern glauben, dass in Folge derselben die Heringsstüme von den Rügenschen Küsten verscheucht und nach Schonen gejagt worden seien; allein wir haben ja oben gesehen, dass die Schonenfahrer-Compagnien in Greifswald und Stralsund bereits 1276 und 1280 ihre Vitten in Falsterbo besassen und längst zuvor die ältern Mitglieder der Hansa dort Heringe salzten; es ist daher eine ganz vage und nichtssagende Behauptung, dass der an der Südküste der Ostsee verschwundene Hering nach den Nordküsten derselben verschlagen sei. Vielmehr ist es wahrscheinlich, dass die Nachfrage nach Salzhering grösser war, als das Angebot seitens der Rügenschen Fischer, und dass man sich daher veranlasst sah, an den reichern Fangplätzen sich direct mit einer Vitte zu betheiligen und von den Vortheilen des Grosshandels Nutzen zu ziehen, zu welchem Nowgorod u. a. Plätze der östlichen Küste der Ostsee zureichende Gelegenheit boten, so wie heute noch der Handel über Danzig, Königsberg und Memel den Greifswalder Küstenhering nach Polen und Russland führt.

Massenhaftes Ausfischen hat freilich auch die einst auf Schonen bei Falsterbo blühende Heringsfischerei für die grosse Industrie des Salzens etc. vernichtet, so dass heute noch kaum der Bedarf des nächsten Hinterlandes durch den dortigen Fang gedeckt wird, wie die aus Ystad u. s. w. nach Rügen zum Einkauf frischen Herings kommenden schwedischen Boote genügend beweisen. Allein Nilsson (l. c. p. 5) konnte doch noch mit den Fischern seiner Heimath den hundert in Pommern nachweisen und darthun, dass man nicht nur den an den heimischen, sondern auch den an den schwedischen Küsten gefangenen Hering vor und nach Beukelsen's Zeiten einzusalzen verstand und diese Kunst im Grossen ausübte, so lässt sich doch nicht in Abrede stellen, dass die bessere Verpackungs-Methode der Holländer allmählich sich auch für den Küstenhering Pommerns Bahn brach, und mit ihr Worte und Namen in Aufnahme kamen, die ursprünglich wohl nicht in Pommern gebräuchlich waren. So bedeutet „Wrakhering" bei den Holländern ursprünglich „nicht ganz tadelfreien Hering" dem z. B. mitunter die Köpfe fehlen oder der noch nicht gehörig gepackt, sondern unregelmässig durcheinander in Tonnen gelegt ist. Heutigen Tags dagegen ist dieser Name hierorts allgemein im Gebrauch, obgleich man darunter die durch den Königl. Wrakmeister contrasignirte verkaufswürdige gute Waare versteht, also eigentlich das Gegentheil von dem,

---

vor Malmö und den vor Cimbrisham gefangenen Hering nach Racen unterscheiden und p. 4 gedenkt er ausdrücklich des Vorkommens des Herings im südlichen Schonen. — Derselbe Nilsson ist es, der auch von einem dermaleinst auf den Bohuslän'schen Scheeren blühenden Heringsfange berichtet, wo z. B. 1787 die ungeheure Zahl von 1,472,000 Tonnen Heringe gefangen wurden, davon 400,000 gesalzen, 4000 geräuchert, 2000 gepresst (wohl getrocknet!) und 1,066,000 Tonnen zu Thran (also Fischthran im strengsten Sinne des Wortes) verkocht wurden. Nilsson erwähnt aber nicht, dass eben daselbst, an den Bohuslän'schen Scheeren, vor 1587 der Heringsfang bereits im üppigsten Flor war, jedoch nach diesem Jahre so auffallend nachliess, dass man aufhörte von Gothenburg aus Hering auszuführen und deshalb auch nicht mehr die Bohuslän'schen Scheeren aufsuchte, bis in der Mitte des vorigen Jahrhunderts der Fang von Neuem wieder lohnend ward und zu jenem Maximum emporstieg, von welchem ab bis ins 3te Jahrzehnt dieses Jahrhunderts man es dahin gebracht hatte nach Anwendung der verheerendsten Fangmethoden und in der Meinung auf eine stete Einwanderung vom Norden her, sicher rechnen zu können, die in den Scheeren heimisch gewesenen Stüme gänzlich auszufischen[*])!

---

[*]) cf. Nilsson l. c. p. 3 Note 2.

was der Holländer damit sagen wollte. Desgleichen hat man die Methode, den gewrakten Tonnen ein Zeichen aufzubrennen, eingeführt, wie es in Holland seit langem geschieht; und Aehnliches mehr. Bei alledem aber ist man in Pommern noch weit entfernt, die Heringssalzerei zu der Höhe entwickelt zu haben, wie sie von den Holländern gehandhabt wird, wie sich am Besten aus einer Vergleichung der üblichen Methoden ergeben wird.

Das Verfahren aber ist folgendes: 1) Der mittelst „Mansen"-artiger Netze gefangene Hering wird von den Holländern so frisch als möglich, auf den Buysen selbst, gekehlt. Der an den Küsten Pommerns unterliegt, weil er als Handelswaare an dritte Personen geht, einer zeitraubenden überflüssigen Zählung in Walle an der Fangstätte und wird von da im todten Zustande, mittelst grosser steifer Segelboote, 4 bis 6 Meilen weit, nach dem Verkaufsorte verfahren. Die Reise bei widrigem Winde zum Beispiel starken Verzögerungen ausgesetzt, kann, wie ich es selbst erlebt habe, von Morgens 7 Uhr bis Nachts 12 Uhr dauern! Dabei bleibt der in Netzsäcken aufeinander gepackte Fisch der Einwirkung von Wind und Sonne ausgesetzt! — Durch diese Transportmethode wird dem Blute des Herings volle Zeit gegeben, aus den Gefässen zu extravasiren und das Fleisch, so wie die Wirbelsäule blutig zu färben. Es ist daher unmöglich, schneeweisse Handelswaare zu erzielen. 2) Während die Holländer den frisch gefangenen Fisch sofort kehlen, d. h. durch Ausreissen des Kehlfleisches, der Kiemen, des Herzens und des Darms ihn der rascher faulenden Organe berauben, liegen zwischen dem Fange und dem Kehlen des pommerschen Küstenherings wenigstens 12 Stunden, häufig aber ein viel grösserer Zeitraum! 3) Während die Holländer das Kehlen auf dem reinlichen Schiffsdeck vornehmen, geschieht es an der pommerschen Küste zwar auf grasbedeckten, aber nichts desto weniger mehr oder minder bestaubten und sandigen Flächen. 4) Während der Holländer seinen gekehlten

Hering in frischem Seewasser abwäscht, ihn stark mit Salz einreibt und in **frischbereitete** starke Salzlaake legt, in welcher ein Ei schwimmt, worin er den Hering die ersten 12—15 Stunden liegen lässt, bringt man den **pommerschen Hering** in Kufen, welche 100—300 Wall aufzunehmen im Stande sind, bestreut ihn, **wenn es rationell geschieht**, mit St. Ybessalz (Spanisches Seesalz), lässt ihn 12—18 Stunden darin, wäscht ihn alsdann in dieser Blutlaake und bringt ihn endlich zum Ablaufen derselben auf Hürden. Die Blutlaake aber wird zu mehreren Malen in Anwendung gebracht und ist **nicht immer** frei von übelriechenden Beimengungen! 5) Das Einlegen in **buchene** Tonnen, die vom pommerschen Heringe je nach dessen Grösse, 20 aber auch 26 Wall aufzunehmen vermögen, geschieht allerdings mit gleicher Sorgfalt, so wie in der Nordsee. Zuerst streut man grobkörniges St. Ybessalz (welches die Königl. Regierung unter Steuererlass zu liefern Sorge trägt) auf den Boden der Tonne, schichtet sodann die erste Lage mit dem Rücken nach abwärts gelegter Heringe neben einander, streut von Neuem bonificirtes Salz darauf, lagert abermals, jedoch im rechten Winkel zur ersten Schicht, eine neue Serie mit dem Rücken abwärts gewandter Heringe neben einander, streut Salz u. s. w. bis endlich die Tonne vollgefüllt ist. — Zu je 4 Tonnen Hering rechnet man 1 Tonne St. Ybessalz von 405 Pf. Gewicht; — auch trägt man einige Sorge, dass die grösseren und kleineren Heringe zuvor einigermassen gesondert und jede Sorte für sich verpackte werde. Ist die Verpackung also bewerkstelligt, so erhält die in Gegenwart der Königl. Steuerbeamten zugespunnte Tonne einen Brandstempel und zwar für grössere Heringe den „Zweiadler" — für kleinere den „Einadler-Stempel". — Drei bis vier Wochen, auch wohl etwas später, nach der stattgehabten ersten Verpackung müssen die Tonnen zur „Wrako" gestellt werden, d. h. sie werden vom Königl. Wrakmeister geöffnet, eine und die andere herausgenommene Probe wird mittelst eines Querschnitts untersucht, ob das Salz zureichend eingewirkt hat und sodann mit anderweitig entnommenem Salzhering gleicher Grösse soweit erhöht, bis die während der ersten Periode entstandene Lücke im Fasse vollständig ausgefüllt ist. Die bis über den Rand nunmehr mit Salzhering erfüllte Tonne wird darauf vom Wrakmeister zugeschlagen und mit dem Reisseisen neben dem Brandstempel mit einem Zeichen versehen, welches die Qualität der gesalzenen Waare ausdrückt.

Eine Tonne „Zweiadler-Hering" kostet je nach der Conjunctur 4 bis 7 Thlr., eine Tonne „Einadler-Hering 3 bis 6 Thlr., also meistens 20 Sgr. bis 1 Thlr. weniger.

Der Salzprocess, welcher den frischen Hering in Salzhering umsetzt, geht gewöhnlich während der höheren Sommertemperatur in schattigen Räumen vor sich und macht, dass der Fisch im ungekochten Zustande geniessbar wird; die Laake, welche während dieses Umwandlungsprocesses, aus den eiweisshaltigen flüssigen Bestandtheilen des Herings und dem St. Ybes-Seesalze entsteht, enthält als eigenthümliches Product der vor sich gehenden Zersetzung eine Imidbasis, das Trimethylamin $\left.\begin{array}{l}C H_3 \\ C H_3 \\ C H_3\end{array}\right\}N$, welches mit Salzsäure ein zerfliessliches Salz liefert und rein dargestellt, selbst mit dem gleichen Volumen Wasser gemischt, noch brennbar ist, und dem die Laake ihren besondern Geruch verdankt. Nur mit grosser Schwierigkeit und mit grossen Kosten lässt sich diese Basis aus der Laake vollständig ausscheiden, um ein wieder brauchbares krystallisirtes Seesalz zu liefern, daher denn auch diese Ausscheidung im Grossen leider nicht ausführbar ist. Es ist eine nothwendige Folge dieser Eigenthümlichkeit der Laake, dass sie jetzt nicht mehr, wie vordem, als Salzlösung zur Versteuerung kommt, sondern dass dieses Nebenproduct der Heringssalzerei mit Auflegung einer entsprechend geringen Steuer in den deutschen Zollverein eingeführt werden darf.

Die Herstellung des Spickherings (Bücklings) ist, wie oben angegeben, ebenfalls ein in Pommern be-

reits vor dem Jahre 1270 ausgeübtes Verfahren, um den
Hering in jenen eigenthümlichen Zustand zu versetzen,
wodurch er fähig wird, sich eine gewisse Zeit hindurch
zu erhalten und geniessbar zu bleiben.

Gewöhnlich sieht man im **Bückling** einen ger**äu**cherten **Hering**, eine Voraussetzung die wenigstens
für den pommerschen Bückling nicht zutrifft.
Aber dieser Irrthum ist um so mehr zu entschuldigen,
als ja selbst die Stätte, in welcher die Metamorphose zur
Ausführung kommt, ganz allgemein hierorts mit dem Namen „Räucherhaus" belegt wird. Zum „Räucherhause" bringt der Bücklingshändler den am Bollwerk
gekauften frischen Fisch, lässt ihn dort „räuchern";
bezahlt die Gebühren für das „Räuchern" an den Besitzer des „Räucherhauses" und so fort. Alle diese Ausdrücke sind gang und gäbe geworden und fanden von
den Küstenstädten aus, nach dem Inlande hin, ohne irgend
welchen Widerspruch ihre Verbreitung.

Der alt-pommersche Name „Spickhering" (Spic-hering) wohl von dem altnordischen Worte „speikja"
salzen, dörren[1]) abstammend, drückt den Zustand
des Herings, der damit überhaupt bezeichnet werden soll,
entschieden am besten aus, denn in der That ist der
nach vorhergehendem Salzen eingeleitete „Dörrungsprocess" einer der wesentlichsten Acte in der ganzen
Manipulationsreihe. — Durch den holländischen Namen:
Bocksharing, Bucking, von „Backen" (Dörren) mag auf
dasselbe Verfahren hingewiesen worden sein, obschon die
gegenwärtige Bücklings-Fabrications-Methode der Holländer von der Neuvorpommerschen wahrscheinlich verschieden ist. Leider stehen mir keine zuverlässigen Berichte über das holländische Verfahren bei der Bücklings-Fabrication zu Gebote und kann ich daher nur über die

---

1) **Holmboe**, Det norske Sprogs veesentligste Ortforraed.
Wien 1852. 4°. p. 318. Im Dänischen heisst **spege**, pöckeln, spicken;
im Schwedischen nach Heyse's Wörterbuch der deutschen Sprache
p. 981 heisst **spicka**: räuchern. — In Krünitz ökon. Encyclopädie p. 753 Note, bemerkt der Verf. des Art. Hering, dass bei den
Westgothen **speka**, dörren bedeute.

von den Franzosen und Engländern gehandhabte Methode berichten, wie sie durch Valenciennes[1] zu unserer Kenntniss gekommen ist. Nach ihm producirt man im Departement de la Manche den vorzüglichsten „Hareng saur", weil man sich dort gut getrockneten Buchenholzes zum Räuchern bedient, und nicht wie an den übrigen Küsten Frankreichs, feuchten Buchenholzes oder gar Kiefernholzes. Allein auch dort werden die Bücklinge nicht lange genug getrocknet, so dass sie weniger haltbar sind. Zur Herstellung des Bücklings wird der Hering nicht eingesalzen, wie Salzhering, sondern nur ein wenig mit Salz bestreut, an Spiessen (ninettes) aufgereiht und im Schornstein aufgehängt, wo er bei einer mässigen Wärme (chaleur douce) und sehr starken Rauche mehr oder weniger lange Zeit verbleibt. — Eine andere Methode der Bücklings-Fabrication an den französischen Küsten liefert der „Hareng de trois nuits" d. h. Hering, der ein kleines weniger frisch ist als derjenige, welchen man pökelt. Doch soll der Hering „de première nuit" besser sein, als der andere. — Zu 10—12000 Heringen giebt man drei (Gewichts-?) Einheiten (mesures) Salz; bevor die Fische aber in die Räucherkammer kommen, wäscht man sie; hier mit süssem Wasser, anderswo mit Salzwasser. Gut gewaschen und abgetrocknet hängt man sie in der Räucherkammer so auf, dass sie sich nicht gegenseitig berühren, macht darauf Feuer (premier feu) und trägt Sorge, dass dies continuirlich ungefähr 15 Tage unterhalten bleibt, dann lässt man mit dem Feuern und Rauchmachen nach, damit die Heringe schwitzen und ihr Oel verlieren, sodann trocknet man sie fernerweitig in diesen oft 6—7mal hundert Tausend Fische enthaltenden Räucherkammern 3 bis 5 Wochen lang, bis sie vollkommen trocken sind. — Endlich gedenkt Valenciennes einer 3ten Bücklingspräparation, wodurch die Fische indessen nur in den Gegenden verzehrbar werden sollen, wo sie präparirt wurden, weil sie weniger haltbar seien. — Leider berichtet Valenciennes

---

[1] Hist. nat. des poissons Vol. XX. 1847. p. 239 u. fgd.

über dieses Conservirungsverfahren zu kurz, um den ganzen Vorgang vollständig übersehen zu können. Man bringt die noch nicht abgetropften Fische in die Räucherkammer und räuchert sie sofort; das Wasser aber, welches die Fische noch enthielten, mache sie aufblähen, weshalb sie **harengs bouffis** oder auch **craquelots** genannt würden. — So viel über die französischen Präparationsmethoden.

Schottische Bücklinge, die mir einst ein günstiger Zufall zuführte, schienen eine ähnliche Behandlung erfahren zu haben, wie die von Valenciennes beschriebenen französischen. Sie waren insbesondere sehr salzig und so stark geräuchert, wie man es in Deutschland sonst nur von Schinken und Speck gewohnt ist. Diese höchst pikanten Bücklinge dürften deutschen Gaumen schwerlich zusagen und werden sich daher auch wohl nie als Handelswaare bei uns einbürgern.

Aus den vorstehend aufgeführten Thatsachen ergiebt sich zur Genüge, dass man nun denn **doch wohl berechtigt** sein dürfte, den **Bückling einen geräucherten Hering** zu nennen und dass meine im Eingange zu diesem Abschnitt gemachte Aeusserung: der Bückling (wenigstens der pommersche) werde mit Unrecht „**geräucherter Hering**" genannt, auf einem Irrthum meinerseits beruhe. Dem ist jedoch nicht so. Zu meiner Rechtfertigung sei es mir gestattet zuerst den Bericht eines Mannes abzudrucken, den ich unlängst kennen lernte, nachdem ich durch umständliche Studien längst das wahre Sachverhältniss ermittelt hatte. In der „**Sammlung von Natur- und Medicin- etc. Geschichten**, die sich anno 1720 in den drei Winter-Monaten in Schlesien und andern Ländern begeben haben, Leipzig und Budissin 1721. 4°. pag. 439", berichtet Dr. N. Chiliani, Arzt zu Wismar folgendes:

„Was unsern Heringsfang anbelangt, so werden selbige im April nur, von Medio an, bis zu Ende dessen, gefangen, welche aber nicht in Tonnen können eingesaltzen werden, weil sie sehr klein seyn, sondern es werden hiesigen Ortes **Bücklinge**, **Flickhering** und **trok-**

kene Hering davon zum Gebrauch bereitet. Jene werden folgender Massen gemacht: Sobald als selbige vom Wasser aufgebracht werden, so sind sie todt, werden sofort mit Salz besprenget und bleiben etliche Stunden im Salze liegen, alsdenn werden solche unter dem Kopff auf einem darzu aptirten Stock oder Spiessgen bei 30. 40 und mehr gestecket, hiernächst unter einer Tonne, oder in einem von Mauersteinen in länglichtem Quadrat zusammengesetzten Ofen, so aber ganz offen, reyhenweise oder Stock bei Stock gehangen (der Ofen in der Höhe ist 3 bis 4 Schuh hoch), alsdenn wird unten von altem Holtze, Moss und andern Sachen, so mehr rauchen, als brennen, Feuer gemacht; oben über die Heringe werden Säcke, Teppichte und andere Sachen gedecket, dass der Rauch so leichtlich nicht davon kommen kann. In solchem Rauch und Qualm hangen solche auf eine Stunde und länger, biss sie trocken und braun geräuchert sein; alsdann werden sie abgenommen, in Wallen gebunden, deren 70 bis 80 ingehen und zum Verkauff oder Verbrauch verwahret. — Flickheringe werden fast auf gleiche Art gemachet, nur dass diese in der Mitte der Länge nach von einander gespalten und also besser durchräuchert sind, wovon einige mehr Wercks machen, massen sie mit Butter bestrichen und hiernächst auf dem Rost gebraten werden. — Die trocknen Heringe werden auf Stöcke gezogen, entweder in der Luft, oder auch im Rauche der Schornsteine, trocken gemacht, hernach mit gelben Rüben oder Wurtzeln gekochet, welches eine häufige Speise gemeiner Leute ist, wovon aber nicht viel besonderes."

Nach Bock[1]) der das Wesentlichste der Chiliani'schen Mittheilung p. 71 und 72 reproducirt, soll sich im 23sten Bande des Hamburger Magazins p. 563—583 eine fast wörtlich gleichlautende Darstellung in der genannten Zeitschrift niedergelegt finden, und fast ganz derselbe Artikel findet sich auch in Krünitz ökonomischer Encyclopädie Th. 20. p. 753 ohne dass bis zum Jahro 1780

---

[1]) Versuch einer vollständigen Natur- und Handlungsgeschichte der Heringe. Königsberg 1769.

Widerspruch gegen diese Angaben erhoben ist. Daraus aber darf man wohl den Schluss ziehen, dass die Bücklingsfabrication im vorigen Jahrhunderte an den Ostseeküsten im Allgemeinen nach denselben Grundsätzen ausgeführt worden ist, wie es beinahe auch heute noch der Fall ist, nur dass der Nachfrage entsprechend, grossartigere Einrichtungen nöthig geworden sind.

Auch heute noch wird der frische Hering, nachdem er in das „Räucherhaus" gebracht worden ist, während 6—12 Stunden mit gewöhnlichem Kochsalze (Product der hiesigen Saline) in langen Trögen schwach eingesalzen [zu 800 bis 1000 Wall (à 80 Stück) giebt man eine Tonne Speisesalz von circa 405 Pf. Gewicht]; darauf treten eine Reihe Frauen an die Tröge, nehmen von den Gesimsen längs der Wand, an welcher der Trog steht, die daselbst befindlichen Spiesse (Holzstäbe von Fingerdicke und 3 Fuss Länge), reihen an diesen zugespitzten Stäben je 18 Stück Heringe auf, indem sie den Spiess durch die Mund- und eine Kiemenspalte hindurchstecken und übergeben den Spiess einer Person, die ihn auf geeigneten Stellagen vorläufig behufs des Abtropfens neben einander hängt. Gleichzeitig sind andere Frauen damit beschäftigt, die also von den Spiessen herabhängenden Heringe vom nicht freiwillig abtropfenden Schleime und anderen Unreinigkeiten zu säubern, indem sie vom Kopfe nach dem Schwanze zu die anhängenden Schleimmassen mittelst ihrer Hand abstreifen. Wieder andere Frauen tragen alsdann die abgestrichenen Heringe zur „Küche", d. h. luftdicht schliessende Räume, welche eine etwa 3 Fuss hohe Brandmauer ringsherum vom Boden aus besitzen, und von da bis zu einer Höhe von in Summa 13 Fuss, bei 9—12′ Tiefe und 6—12′ Breite aus Fachwerk erbaut sind. In einer Höhe von 5 Fuss gewöhnlich liegen die ersten freien Balken (Wiembäume genannt), denen in angemessener Höhe neue Serien von Balken folgen, so dass im Ganzen sich sechs solcher Balkenlagen (Etagen) über einander befinden. Auf diesem Gebälk werden nun die mit angereihten Heringen versehenen Stäbe so aufgelegt, dass die Fische etwa in 2″ Distanz von einander abstehen und frei in den Raum der Küche hinabhängen. Eine Küche fasst gewöhnlich 100 bis 250 Wall. Ist das Aufhängen in der Küche bewerkstelligt, so werden bei vorläufig offen stehender Eingangsthür 6—12 auf dem Boden der Küche übereinander gelegte Holzhaufen von trocknen Eichenspähnen oder trocknem Erlenholze angezündet und circa 6 bis 12 Stunden im hellen Brande erhalten, je nach der Entfernung, in welche der Bückling versandt werden soll. Die hellbrennenden freien Feuer erhöhen die Temperatur der Luft, in welcher sich die von den Spiessen herabhängenden Heringe befinden, auf 80° R. Kaltes Wasser, in Blechgefässen auf verschiedenen „Wiembäumen" der Temperatureinwirkung der betreffenden Luftschicht ausgesetzt, gerieth in kürzester Zeit ins Kochen! — Da nun eine so hohe Temperatur 6, ja selbst bis 12 Stunden hindurch unterhalten wird, so ist es eine natürliche Folge, dass alle derselben ausgesetzten Heringe in ihren eignen Flüssigkeiten kochen, und nachdem die tropfbar-flüssigen Bestandtheile verdampft sind, eintrocknen; eine Methode, die nicht einmal im „Braten an dem Spiesse" ihr vollständiges Analogon findet. Sobald nun alle in den 6 Etagen übereinander frei aufgehängten Heringe gar gekocht und zureichend getrocknet sind, unterbricht man die lodernden Flammen durch Aufstreuen feuchter kurzer Eichenspähne, wie sie der nachbarlich im Grossen betriebene Schiffsbau zur Genüge liefert, und unterhält, indem man alle vorhandenen Luken und auch die Eingangsthür verschliesst, den nunmehr entstehenden Dampf während einer Zeit von 4–6 Stunden, um die matt-grauweisslich aussehende Fischhaut goldglänzend (broncefarbig) erscheinen zu machen, wodurch sich ihr appetitliches Ansehen um ein Wesentliches verbessert. Ist die gewünschte Farbe erzielt, so nimmt man, nachdem durch Oeffnen der Luken und der Thür die Heringe abgekühlt und der Raum zugänglich gemacht worden ist, die Spiesse heraus, streift die Fische ab und packt sie sofort auf den unter Dach bereit stehenden Wagen, oder in Kisten, um sie sofort abzufahren. — Ein Wagen fasst je nach seiner Grösse 500 bis 1500 Wall

Bücklinge. Die Abfuhr der je nach der Entfernung (Berlin, Leipzig, Altenburg u. s. w.), wohin sie versandt werden sollen, verschieden hart getrockneten Bücklinge besorgt entweder die Compagnie der associirten Bücklingshändler oder der Besitzer des Räucherhauses, falls dieser den Einkauf des frischen Herings betrieb und liefert dieser Letztere alsdann sie in Kisten wohl verpackt, per Dampfschiff oder zukünftig per Eisenbahn an seine Comittenten ab. Im ersteren Falle aber sind die Fuhrherren Eigenthümer des geräucherten Fisches, den sie frisch von den Fischern ankauften und dem Besitzer des Räucherhauses zur Fertigstellung gegen entsprechende Gebühren übergaben.

Die vorstehende ausführliche Darstellung der vielleicht noch nie zur Sprache gebrachten **Bücklingsfabrication Pommerns**, welche sich zur Zeit in Greifswald in höchster Blüthe befindet, führt jedenfalls den Beweis, dass der **pommersche Bückling keineswegs ein geräucherter Hering** genannt werden kann und zwar deshalb nicht, weil er in seiner eigenen (thierischen) Flüssigkeit durch erhitzte Luft (bei einer Temperatur von 80° R.) zuvor gar gekocht und dann getrocknet worden ist, ehe er einen wenigstündigen Rauch bekam, welcher lediglich dem Heringe eine für den Geniessenden angenehmere Farbe und einen etwas pikanteren Geschmack geben soll. Der **französische Bückling**, welcher bei niederer Temperatur **fünf Wochen** lang geräuchert wird, verdient dagegen mit allem Recht den Namen eines **geräucherten Fisches** (hareng saur).

Was nun den von Chiliani bereits im Jahre 1720 genannten **Flickhering** betrifft, so wird das von ihm beschriebene Verfahren zur Herstellung desselben auch heute noch nach fast 1½ hundert Jahren in derselben Weise zur Ausführung gebracht, jedoch **keineswegs im Grossen**, entweder weil man diese Zubereitungsform im Inlande nicht allzusehr beliebt, oder weil das durch Chiliani's Beschreibung (s. o.) bereits bekannte Präparat, der „Flickhering" d. h. ein auf dem Rücken aufgeschnittener und ausgeweideter Fetthering, bald zum Verbrauch kommen muss, damit es nicht ungeniessbar wird. Gewöhnlich wird der Flickhering wohl nur in den Küstengegenden als Nahrungsmittel, frisch präparirt, feil geboten und in kleinen Quantitäten in der Behausung der Fischer selbst hergestellt. Der ebenfalls bereits von Chiliani erwähnte „trockne Hering" wird gegenwärtig meines Wissens nirgends als Nahrungsmittel für Menschen hergestellt, obschon es mir bekannt ist, dass man ihn hier und da zum Futter für Schweine herrichtet. Wäre getrockneter Hering eine verkäufliche Waare, oder wäre es so leicht Vorurtheile gegen neu einzuführende Nahrungsmittel zu beseitigen, so würde es ein Leichtes sein, mittelst der von Morel-Fatio und Verdeil angegebenen Methode getrockneten Hering im Grossen zu fabriciren. Diese Methode besteht bekanntlich[1]) darin, dass die Fische bei 4—5 Atmosphären in Dampf kurze Zeit hindurch gekocht werden, nachdem sie zuvor entweidet und etwas gesalzen sind. Man trocknet sie dann auf Hürden, wobei ein Dampfgebläse bei 26—32° R. unterstützend mitwirkt. — Allein bis jetzt haben die Industrieen, die der Hering Pommerns seit Jahrhunderten ins Leben rief und constant rege erhielt, die grosse Triebfeder unserer Zeit, den Dampf, gänzlich ausgeschlossen und bleibt es daher zu wünschen, dass dieser mächtige Stellvertreter aller menschlichen Handthätigkeit auch noch für den Hering eine angemessene Verwendung finden möge.

Resumé.

Aus der vorliegenden Abhandlung erhellt
A. in Betreff der Anatomie und der Lebensverhältnisse:
1) dass der Hering der pommerschen Küste von dem grösseren Heringe der Nordsee specifisch nicht getrennt werden kann;

---

1) Dingler's polyt. Journal 1855. Bd. 137. p. 300.

2) dass auch er, so wie an allen übrigen europäischen Küsten, in **constant bleibende Racen** zerfällt;
3) dass er **nicht** von fernher alljährlich einwandert, sondern unweit der **Laichplätze**, wo er geboren ward, auch in der übrigen Zeit dauernd weilt;
4) dass **nicht** sowohl der **Salzgehalt**, als vielmehr die zur Erzeugung einer reichen **submarinen Vegetation** geeignete **Boden- und Küstenbeschaffenheit** auf das Vorkommen des Herings wesentlich influirt;
5) dass seine vorzüglichste **Nahrung** im *Diaptomus castor* Jur. besteht;
6) dass sein massenhaftes Erscheinen an den flachern **Küsten nicht aus Nahrungsmangel**, sondern deshalb erfolgt, weil er zur Erhaltung seiner Art die Geschlechtsstoffe ablegen muss und dazu eines Wassers von mindestens $+6$ bis $+7^{0}$ R. bedarf, welches ihm im Frühjahr die nur auf $+3^{0}$ oder $+4^{0}$ R. erwärmte **Tiefe** der Ostsee **nicht** zu gewähren vermag;
7) dass der pommersche Hering ausser der **Frühlingslaichzeit** (März—Mai) an den südlichen Küsten Rügens, so wie am Dars und Zingst, auch eine **Herbstlaichzeit** hat, die sich namentlich an den **nördlichen Küsten Rügens und Hinterpommerns** bemerklich macht;
8) dass sämmtliche **rippentragenden Wirbel** mit zwei nur durch Bandmasse verbundenen *processus spinosi superiores* versehen sind, von denen der rechte sich mit einem processus transversus superior dexter und der linke mit einem processus transversus superior sinister in organischer (knöcherner) Verbindung befindet, während jede **Rippe** rechts und links vom Wirbelkörper mit einem processus transversus inferior dexter et sinister in ähnlicher Verbindung steht; so aber, dass beide spinosi superiores und beide costae mit ihren An-

hangsgräten vom Wirbelkörper ablösbar, d. h. nicht mit ihm verwachsen sind;
9) dass die Schuppen mit der Haut in Verbindung bleiben, wenn man den lebenden Fisch in *Spiritus vini* von 90% Tralles rasch tödtet;
10) dass die Farben blau, roth, gelb in langgestreckten Zellen eingeschlossen sind, welche der Längsaxe der Schuppe parallel laufen und der Schuppe, insofern eine Farbe, z. B. die stahlblaue, vorherrscht, ein gleichfarbiges Colorit geben, während verschieden gefärbte Langzellen, abwechselnd neben einander gelagert, Farblosigkeit erzeugen.

B. Rücksichtlich der an den Hering sich anschliessenden Industrieen ergeben sich sodann aus der vorstehenden Untersuchung, dass
1) bei unzweckmässigen Fangmethoden die vorhandenen Heringsstüme gänzlich ausgefischt werden können;
2) dass die grosse Heringsreuse eine der neuvorpommerschen und rügianischen Küsten ganz eigenthümliche Fang-Vorrichtung von verhältnissmässig jungem Datum ist;
3) dass der pommersche Hering sich ebensogut zum Salzen eignet, wie der der Nordsee, und auch seit gleichlanger Zeit dazu verwandt wird;
4) dass der Transport und die Behandlung des frischen Küstenherings indessen noch wesentliche Verbesserungen erfahren muss, um ein gleichwerthes Kaufmanns-Gut herbeizuführen;
5) dass der Bückling Pommerns (welcher vorwiegend im mittleren und östlichen Deutschland consumirt wird) kein geräucherter Hering ist, wie der französische und englische Bückling, sondern ein in seinen eigenen Säften bei erhöhter Temperatur in der Luft gekochter Fisch, dem man nach zuvorigem Dörren durch wenigstündiges Räuchern mit Eichenhobelspähnen eine goldgelbe Farbe gegeben hat, so wie endlich
6) dass die Bücklingsfabrication und die Her-

stellung des Salzherings an den pommerschen Küsten bereits seit sechs Jahrhunderten, also lange vor Wilhelm Beukelsen betrieben worden ist, während die Herstellung lufttrocknen Herings nicht mehr, wenigstens nicht als Industriezweig sich im Betriebe befindet.

Erklärung der Abbildungen.

Fig. 1 und 2 sind Copieen der Fig. B und C auf der 8ten Tafel des 2ten Bandes der von Brandt und Ratzeburg herausgegebenen „Medicinischen Zoologie", welche einen Heringswirbel von der Seite (Fig. B) und von vorn gesehen (Fig. C) darstellen sollen. a Wirbelkörper. b Medullarkanal. c Rippe. d ein Bogenstück. e proc. transversus der Rippe. f proc. transversus des Dornfortsatzes. h Flossenträgerknochen.

Die Brandt- und Ratzeburg'schen Originalbezeichnungen sind des leichtern Verständnisses wegen beibehalten worden.

„ 3. Schema eines Wirbels aus der Region der rippentragenden Wirbel. a Wirbelkörper. b proc. spinosus superior sinister. b′ proc. spinos. sup. dexter. c Rippe. e proc. transversus inferior sinister. e′ proc. trans. inferior dexter. — f proc. transversus superior sinister. f′ proc. transv. super. dexter. g gekielter Bauchkantenknochen.

„ 4. Gekielter Bauchkantenknochen von Innen gesehen. m vordere, n hintere Spitze. p seitliche Arme.

„ 5. Gekielter Bauchkantenknochen von Aussen gesehen mit der zwischen m n befindlichen erhabenen Leiste x.

„ 6. Drei gekielte Bauchkantenknochen in natürlicher Lage, von Innen gesehen; die feindornigen Spitzen m, welche nach vorn gerichtet sind, decken auf der inneren Oberfläche die stumpfern hintern Spitzen der Bauchkantenknochen, welche aussen (auf der untern Seite des Heringsbauches) einer von hinten nach vorn vorgerückten Messerschneide Widerstand leisten.

„ 7. A. c die rechte, B. c die linke Rippe mit ihrem proc. transv. inferior dexter et sinister e. e. und dem ablösbaren Köpfchen n, welches in Fig. 10 bei v in das daselbst befindliche Grübchen eingesenkt war.

„ 8. E. F linker und rechter Dornfortsatz b b und f f linker und rechter proc. transv. superior. bei a Köpfchen, welche bei Fig. 9 in den mit r r bezeichneten Grübchen der obern Fläche des Wirbelkörpers liegen.

(Fig. 4—8 stellen die betr. Knochen in natürlicher Grösse dar; Fig. 9—13 sind durch die Loupe gesehen gezeichnet.)

Fig. 9. Ein Wirbelkörper aus der Region der Rippen, von Oben gesehen. p vordere Trichterhöhle. q hintere Trichterhöhle. r s r s zwei zarte Knochenleisten, die sich bei l in eine über die Trichterhöhle q hinausragende rückwärts gewandte Spitze verlängern, vorn aber bei r r zwei Grübchen bilden, in welchen die Köpfchen der beiden proc. spin. sup. beweglich und auslösbar eingesenkt liegen.

„ 10. Derselbe Wirbelkörper von der Seite in derselben Lage. p vordere, q hintere Trichterhöhle. l verlängerte Spitze einer obern Leiste. t seitliche Längsleiste. v Grube unterhalb t zur Aufnahme des auslösbaren Transverso-Costal-Köpfchens.'

„ 11. Derselbe Wirbel in gleicher Lage von Unten gesehen. p vordere, q hintere Trichterhöhle. w' w'' w''' drei parallele Längsleistchen mit 2 Längsfurchen dazwischen.

„ 12. Drei Wirbel im Zusammenhange dargestellt, aus der Region der allmählich mit den Wirbelkörpern organisch sich vereinigenden proc. spin. sup. — Wirbel A noch mit ablösbaren und daher abgenommenen proc. spin. sup., an seiner untern Fläche r befinden sich bereits lyraförmige proc. spin. inf. — Wirbel B zeigt nur einen proc. spin. sup. und zwar den der rechten Seite in organischer Verbindung mit dem Körper; der proc. spin. sup. der linken Seite war noch ablösbar und daher abgenommen. — Wirbel C zeigt zwei an den Spitzen freie, an der Basis aber mit dem Wirbelkörper organisch vereinigte proc. spin. sup. — Die proc. spin. inf. sind alle noch lyraförmig.

„ 13. Drei Wirbel im Zusammenhange aus der Schwanzregion. bei m m m die obern nach vorn gerichteten grössern Dornenspitzen, die sich den bei Fig. 12 o' o'' o''' nach hinten gerichteten entgegenstellen. Die proc. spin. sup. und infer. sind einfache an der Basis durchbohrte mit dem Wirbelkörper organisch vereinigte Fortsätze.

„ 14. Schematische Figur des Grundrisses einer im Regierungs-Bezirk Stralsund gebräuchlichen grossen Heringsreuse.
a b b b f c f b b b bezeichnet den grossen Netzkasten. Durch die mit g g g bezeichneten Anker wird derselbe mittelst langer Taue, welche vom obern Kastenrande zum Boden herabgehen, befestigt.

f f' f'' f''' bezeichnet die Flügel des Netzkastens.
c Eingangsspalte zum Innern des Netzkastens.
d d d d bezeichnet Pfähle des 800' langen Wehrs, welches bei e nach der Landseite zu endet.

m m bezeichnet die Küste, vor welcher in mehr oder weniger grosser Entfernung die grosse Heringsreuse aufgestellt ist.

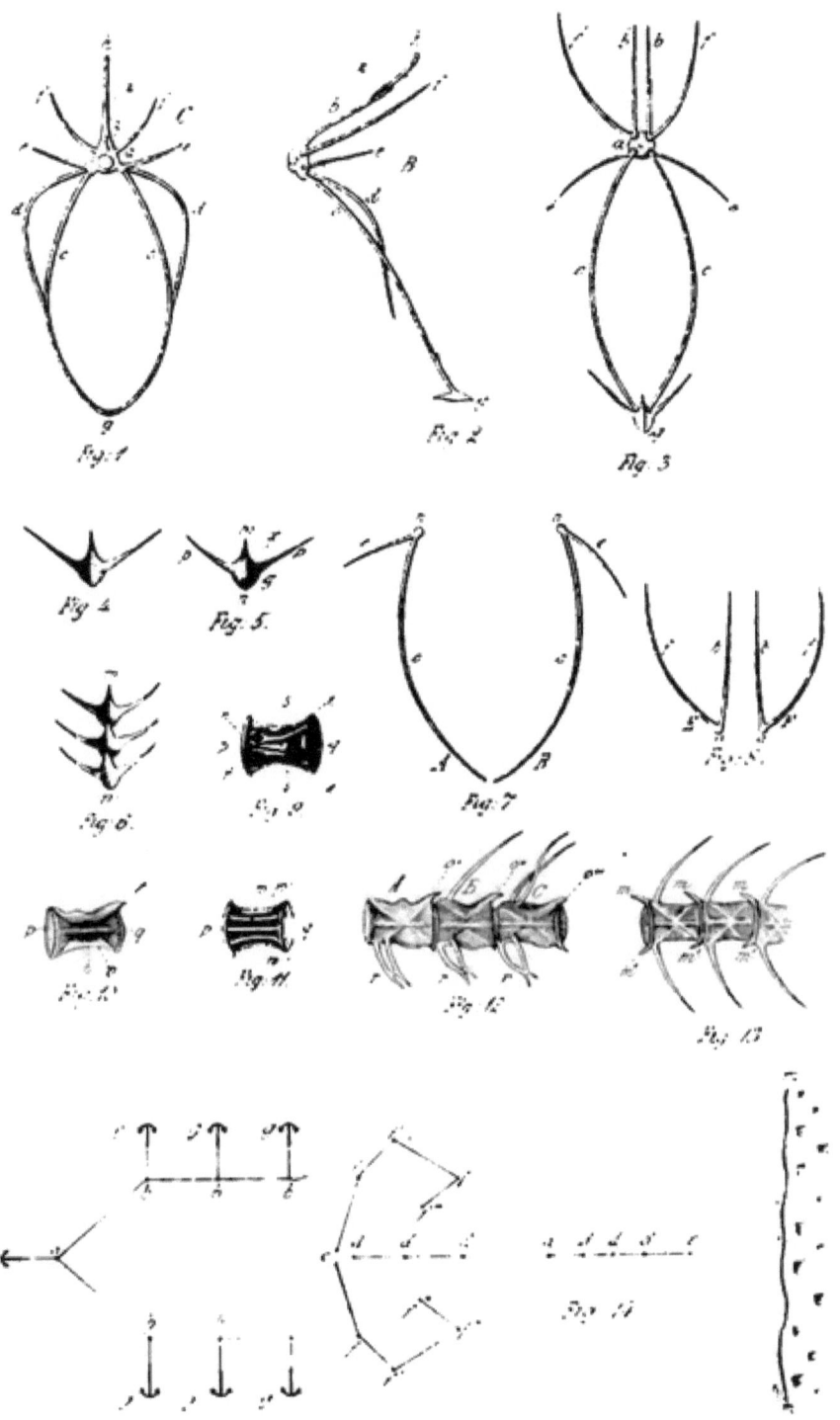

Auctor del. C. F. Schmidt lith.